AMANHÃ
SERÁ OUTRO DIA

AMANHÃ
SERÁ OUTRO DIA

Marcus De Mario

CorreioFraterno

© 2015 Marcus De Mario

Editora Espírita Correio Fraterno
Av. Humberto de Alencar Castelo Branco, 2955
CEP 09851-000 – São Bernardo do Campo – SP
Telefone: 11 4109-2939
correiofraterno@correiofraterno.com.br
www.correiofraterno.com.br

Vinculada ao  www.laremmanuel.org.br

1ª edição – 1ª reimpressão – Junho de 2015
Do 3.001º ao 6.000º exemplar

A reprodução parcial ou total desta obra, por qualquer meio, somente será permitida com a autorização por escrito da editora.
(Lei nº 9.610 de 19.02.1998)

Impresso no Brasil
Presita en Brazilo

COORDENAÇÃO EDITORIAL
Cristian Fernandes

PREPARAÇÃO DE TEXTO
Eliana Haddad e Izabel Vitusso

CAPA E PROJETO GRÁFICO DE MIOLO
André Stenico

CATALOGAÇÃO ELABORADA NA EDITORA

De Mario, Marcus
 Amanhã será outro dia / Marcus De Mario. – 1ª ed., 1ª reimp. – São Bernardo do Campo, SP : Correio Fraterno, 2015.
 192 p.

 ISBN 978-85-98563-83-1

1. Romance espírita. 2. Espiritismo. 3. Literatura brasileira.
4. Guerra. 5. Leste Europeu. 6. Jornalismo. I. Título.

CDD 133.9

Sumário

Apresentação 9

O relatório 11

Na véspera do Natal 29

O encontro 37

Músicas 51

Nas ruas de Grancy 55

É tarde, vamos dormir 63

Um novo sentimento 71

Eu também já fui criança 83

A decisão 89

Discurso para não ser entendido 101

O céu azul de uma linda manhã 105

O bel canto de uma oração 113

Na praça, com o general 119

Liberdade, liberdade! 129

A doce música da convivência 133

Um sonho no muito além 143

Fugindo na escuridão 149

A suave luz do amor...165

A realidade dos sonhos 171

Um encontro para sempre....................................181

Apresentação

Este romance não se insere na forma comum de uma história de amor. É antes uma história reflexiva, com profunda carga filosófica, discutindo a própria vida diante de um cenário real de guerra entre os homens.

Sim, o amor está presente, os personagens entrelaçam suas existências e ao mesmo tempo fazem um apelo ao seu coração, em nome do amor maior que deve conduzir nossos passos neste planeta.

A guerra é ainda triste vestígio da barbárie humana, onde o poder a todo custo se refugia, esmagando os mais fracos e criando dores e sofrimentos inenarráveis, mas tenho a crença inabalável de que o amor sairá vitorioso e a violência perderá terreno, diante desse sentimento tão grande e profundo.

Todas as potencialidades humanas, quando voltadas para o firme propósito de fazer o bem sem olhar a quem, conseguem prodígios, demonstrando que podemos construir muito mais do que destruir.

Se você chorar, se você parar várias vezes para pensar, isso significará que a história narrada neste livro conseguiu sensibilizar seu coração e que você está pronto para lutar o bom combate do amor, que a ninguém violenta e a todos acolhe, para que possamos viver com paz e justiça.

Os personagens e os locais são fictícios, mas histórias semelhantes teimam em ser vividas ao longo da história humana. Até quando? Não tenho a resposta, mas tenho a esperança de que *amanhã será outro dia*, pois acredito na força transformadora do amor.

Seguir os passos do personagem principal será viver intensamente a dúvida e a descoberta da vida, um descortinar do pensamento espiritualista aclarando e renovando pensamentos e atitudes materialistas, indiferentes e egoístas.

Vivendo o drama da dor humana no seu mais alto grau, nosso personagem derramará lágrimas internas mais intensas que aquelas a escorrerem pela face, lágrimas que lhe aquecerão o coração paulatinamente, voltando-o para Deus, o senhor da vida, e fazendo-o aceitar a doce melodia do amor.

Todo o arcabouço da narrativa está calcado na filosofia espírita, que exige de cada um de nós renovação interior, que não pode ser feita através dos lábios, mas somente através do coração e da força de vontade.

Meu convite a você é que, a partir de atos concretos a seu próprio favor e favorecendo o próximo, possa também renovar sua esperança em dias melhores, fazendo sorrir em cada rosto uma vida feliz em si mesma e grata a Deus.

É a minha esperança; seja também a sua esperança.

MARCUS DE MARIO

O RELATÓRIO

Estou sentado em frente à máquina de escrever e meus dedos deslizam sobre as teclas à procura de letras que formem as palavras que estão em meu pensamento. A iluminação é tênue, por culpa do fraco gerador que alimenta as lâmpadas, e realizo meu trabalho graças à máquina de escrever portátil que sempre carrego comigo. Até o papel já é escasso e todo pedaço em branco é aproveitado. Isso me faz lembrar as aulas de arte na escola, quando fazíamos na infância recorte e colagem. Também me traz à recordação a figura de Gandhi,[1] o profeta hindu da paz, quando pregava contra o desperdício e usava os envelopes virados ao contrário, como forma de reaproveitá-los.

---

[1] Mohandas Karanchand Gandhi (1869-1948), mais conhecido como "Mahatma" (Grande Alma), líder hindu que patrocinou a independência da Índia, então governada pelos ingleses. Lançou a campanha da Não-Violência, provocando a desobediência civil através de atos de paz. Seus ensinos e exemplos correram o mundo e são até hoje marcos profundos na alma humana.

Ele foi um dos pioneiros da reciclagem e eu me sinto um pouco assim, mas em situação completamente adversa. Minha reciclagem é extremamente necessária para a sobrevivência do trabalho e também da vida.

Há dois meses que experimento uma terrível prisão. Como jornalista correspondente de guerra, estou sitiado numa cidade que não para de ser bombardeada. Já não sei o que é dormir, com medo de nosso *bunker*[2] virar poeira a qualquer momento, e me sinto estranho num mundo estranho. As pessoas morrem em nossa frente e as manchas de sangue não saem de minha roupa, teimosamente ficando para alertar que estou no meio de uma guerra. Cada saída na rua significa um drama, pois não sabemos, eu e meus colegas, se vamos voltar vivos para escrever a reportagem ou se seremos a própria notícia do mundo da comunicação.

Nestes sessenta e poucos dias venho refletindo sobre o que me levou a aceitar este trabalho. Anos e anos de jornalismo e análises internacionais sem nunca, ou melhor dizendo, sem quase nunca ter saído da redação e, de repente, a loucura de me internar numa guerra. Não sei se foi o aceno da possibilidade de um prêmio e o reconhecimento mundial pelo trabalho, não sei se foi a sede de aventura, ou o espírito jornalístico que falou mais alto. Sei apenas que foi uma decisão que agora me parece insensata. Estou magro, barba crescida e de vez em quando o coração dispara, diante do ruído das metralhadoras ou das bombas. Quando eu voltar à redação, seguramente já não serei o mesmo Peter Zoldan.

---

[2] Fortificação militar defensiva projetada para proteger pessoas ou materiais valiosos de ataques. (N.E.)

Que Deus permita – eu não escreveria isto noutros tempos, pois nunca acreditei com verdadeira fé na sua existência – minha volta, ao menos para fazer um grande documentário sobre a guerra, colocando no papel todos os sentimentos que venho armazenando. Confesso que quando estou sozinho, choro. De medo, de solidão ou sensibilizado pelas dores alheias.

Na outra mesa, junto ao canto esquerdo da saída, meu amigo Regian Saldy está dormindo. É meu intérprete, pois conheço pouco do terenês, e jornalista como eu. Aliás, conhecia pouco, porque a necessidade me propiciou um curso quase completo e, se antes me embaraçava para conversar, hoje já tenho diálogos expressivos e leio até com certa facilidade a pouca literatura disponível, uma vez que os aviões e a artilharia destruíram a biblioteca central, e os jornais e revistas pararam de circular. As bombas do general Rastov interromperam também os outros meios de comunicação e estamos dependentes do restabelecimento das ligações telefônicas. Há mais de uma semana permanecemos ilhados, presos a uma precária ponte de informações montada pelos milicianos nacionalistas, permitindo o leva e traz das notícias. Nossos telefones celulares foram confiscados ou estão sem bateria, e a comunicação, tão modernizada, sofisticada, tecnológica, para nós deixou de existir, já que a energia elétrica é artigo de luxo, e nossos computadores e outros equipamentos foram sumariamente confiscados. Não sei, afinal, qual é o lado pior: os milicianos nacionalistas lutando pela independência do seu país, mas usurpadores dos nossos direitos, ou o general Rastov, que parece não ser dotado de humanidade para nos dar uma trégua.

Dizem que o general Ivan Rastov é homem sério e muito dedicado ao seu mister, e que leva esta guerra com extremado ardor. Quando eu o encontrar, direi algumas coisas que ele está precisando ouvir.

— Vai sair hoje, Zoldan?

A voz de trovão que me despertou identificava, sem qualquer possibilidade de erro, o Harry Cusnan, fotógrafo americano que, no meio de toda balbúrdia, conseguia manter o peso equilibrado nos exatos cem quilos, além da agilidade, mesmo com as balas zunindo por todos os lados. Cusnan era bom amigo, exceto quando ficava nervoso, o que era frequente, despejando mau humor sobre todos, de preferência quanto aos soldados, fossem eles de qualquer uma das partes envolvidas no conflito.

— Se você me acompanhar logo mais, irei sim — respondi.

Cusnan levantou o polegar da mão direita, indicando aceitar a ideia, e se retirou.

O *bunker* em que estamos, como chamo nossa redação, está instalado no porão do hotel Glinka,[3] um imponente prédio de dez andares, dos quais só restam cinco, construído no final do século dezenove, e que se destinou durante um bom tempo a abrigar um teatro e sucessivamente repartições públicas. Graças ao inverno rigoroso e à boa intuição dos arquitetos, ele possui excelente porão resguar-

---

[3] Mikhail Ivanovich Glinka (1804-1857) nasceu na Rússia, tendo sido criado no campo, entre as canções e danças camponesas que marcaram sua sensibilidade. Em 1836 lançou a ópera A *vida pelo czar*, considerada a obra que deu início à escola musical russa. Sua vida foi muito incerta, assim como seu estilo musical.

dado por grossas colunas, único motivo de o prédio não ter desabado sobre nós. Quando cheguei, fiquei admirado pela imponência e, ao mesmo tempo, graciosidade de sua arquitetura e decoração, como os apartamentos de frente para a praça Tchaikovsky,[4] repleta de árvores e flores, fontes de água e pássaros, bancos e passeios gramados. Até concertos sinfônicos já foram realizados onde hoje está o caos das árvores arrancadas violentamente pelos mísseis. A praça agora é terra de ninguém. Buracos, estruturas metálicas retorcidas, prédios demolidos ou semidestruídos. Onde tudo era arte e música, temos dor e morte.

Que espécie de homem pode ser esse que ordena o bombardeio indiscriminado sobre uma cidade? Que avança com seus tanques sobre soldados inimigos e sobre a população civil que implora o fim do conflito? Como pode desrespeitar os direitos humanos, e mesmo assim manter calados os organismos internacionais? Todos nós, jornalistas, estamos indignados com a situação. Denunciamos, fotografamos, filmamos, entrevistamos, escrevemos e parece que nosso poder de comunicação é insuficiente para sensibilizar as autoridades e a comunidade que não está envolvida diretamente com a guerra. Que está acontecendo? Falta de sensibilidade, de profissionalismo nos meios de comunicação ou interesses políticos que camuflam a realidade? Mesmo nós, prisioneiros num

---

[4] Piotr Ilytch Tchaikovsky (1840-1893), famoso compositor russo, considerado um dos mais brilhantes compositores da música clássica de todos os tempos, deixou obras primas no campo das sinfonias, concertos, balés clássicos, tendo uma vida coroada de êxito. O *Concerto nº 1 para piano e orquestra* e o balé *O quebra nozes* são exemplos de suas composições que se tornaram mundialmente conhecidas.

campo de batalha, estamos esquecidos. Não temos como sair e sentimos que ninguém está preocupado em fazer algum esforço para nos retirar. Vivemos à mercê do contrabando para trabalhar. Tenho minhas dúvidas quanto à culpabilidade do general Rastov, quanto ao exclusivismo de apontá-lo como o grande culpado.

Cheguei à Terênia uma semana antes do Natal, desembarcando numa tarde fria, decorada com flocos de neve, onde alguns acreditam que o mau tempo costuma ser prenúncio do pior nas relações humanas, mas eu não sabia disso. Sempre tive otimismo quanto aos desentendimentos, sendo reconhecido como o cronista do diálogo, justamente o que deixou de existir entre as partes envolvidas no conflito, favorecendo que a noite se fechasse sobre o dia, deixando a todos confusos como numa grande penumbra.

– Saldy, você é cristão? – disparei assim que o vi desperto.

– Sou o quê? Nem acordo direito e você já me vem com perguntas?

– Cristão, Saldy, você se considera cristão? – insisti.

– Está na hora da extrema unção? Vamos ser fuzilados? Se o problema é encontrar um padre, então se dê por contente em morrer pagão – respondeu mal-humorado, levantando-se à procura de água para lavar o rosto.

Respondi seu comentário como se estivesse conversando normalmente com ele:

– Bem que não fui batizado; meus pais não eram católicos, mas morrer pagão não vou, porque me considero cristão. Sabe, isso tem me sustentado no meio deste inferno humano.

Esta confissão ficou indiferente para Saldy, mas foi muito importante para mim. Como resistir sem um pouco de fé? Sem acreditar em alguma coisa que trouxesse esperança? Nunca frequentei um culto religioso, a não ser na infância, contudo sempre estudei, por força do hábito profissional, as raízes religiosas, admirando o pensamento cristão na sua origem. Os dois lados em luta se dizem cristãos, mas não se amam. Seria inconcebível, não fosse um fato.

– Então, vamos sair?

Era o Cusnan, outra vez.

– Qual vai ser a pauta? – inquiriu Saldy, curioso.

Aproveitando minha indecisão, Cusnan sugeriu que o assunto fosse a criança abandonada, órfã, vítima da guerra.

– O pessoal da TSN, aproveitando o último material para filmagem, fez uma pequena reportagem para a televisão – argumentou.

Crianças vítimas da guerra? Para alguém interessado em assuntos que sensibilizem seus leitores, essa reportagem seria excelente, pensei.

– Isso não está muito explorado? – perguntou Saldy, como quem quer estragar o prazer da ideia.

– Não creio – respondi –, a questão é como vamos abordar o assunto. Podemos fazer um amplo levantamento de como perderam os pais, o que fizeram depois disso, quem está cuidando delas e quais os traumas que carregam, além de entrevistarmos as autoridades dos dois lados do conflito sobre essa situação.

– E tudo isso podemos associar à Declaração Universal dos Direitos da Criança.

Essa lembrança de Cusnan fez Saldy esboçar um sorriso, sinal de que a reportagem estaria aprovada.

Iniciamos os preparativos para a saída às ruas de Grancy, tomando cuidado com nossa identificação, pois havia franco-atiradores espalhados pela cidade, e nenhum de nós queria ser confundido com um soldado. Crachá no peito, lenços brancos amarrados nos braços, câmera fotográfica e gravador a tiracolo, de modo bem visível, bloco de anotação na mão e estávamos prontos para iniciar mais uma viagem por aquela que já fora uma cidade ordeira, sem conflitos que merecessem a atenção internacional. Com base nas informações de Cusnan, o único que havia assistido às filmagens, resolvemos seguir para a avenida Shostakovich,[5] importante ligação entre o centro e o subúrbio leste da cidade. Quando saímos não havia ninguém para nos desejar bom trabalho. A maioria ainda dormia e alguns poucos jornalistas estavam ocupados com suas próprias matérias. Reparamos a ausência de milicianos nacionalistas na praça. O silêncio era nossa companhia. Consultei o relógio. Eram oito e quinze da manhã.

Encontrarmo-nos com a milícia nacionalista lutando pela independência, ou com uma tropa do exército invasor, na verdade era indiferente, embora tivéssemos mais liberdade com os milicianos, afinal, estávamos no território deles e, mesmo veladamente, nossa posição era contrária à invasão, feita por motivos políticos e econômicos.

---

[5] Dimitri Shostakovich (1906-1975) viveu no mundo comunista da ex-União Soviética, tendo deixado vasta obra na música clássica. Defendeu sempre a liberdade de criação, o que lhe deu alguns aborrecimentos políticos, mas não lhe impediu de ser considerado um grande mestre da música.

Sabíamos que alguns bairros da periferia já estavam sob domínio do exército, e que seus tanques vinham fazendo incursões dentro da capital, mas quando um dos lados clamaria vitória? Quando teria o domínio completo?

Contornamos o hotel pela esquerda, parecendo um pequeno séquito numa marcha fúnebre. Em silêncio, ouvidos e olhos atentos, passos vagarosamente pelo meio da rua. Fazia frio, mas não havia vento. A respiração provocava uma névoa branca rarefeita que se despedia rapidamente ao contato com o ar gelado. Quando chegamos ao final da rua, relativamente conservada, com poucos sinais de destruição, olhamos para trás e não vimos uma única alma humana. Nem civis, nem militares. Senti o frio penetrar no coração. Olhei para Cusnan e Saldy e, por momentos que pareceram a própria eternidade, nossos olhos se perguntaram se seria válido continuar, ou se seria melhor corrermos de volta para o abrigo. A vontade de cobrirmos a pauta gritou mais alto e resolvemos seguir.

Durante a última noite ouvimos a artilharia concentrada na periferia, e a ausência de milicianos indicava que haviam provavelmente se deslocado para defender posições em algum bairro, mas onde? Viver com esse tipo de enigma não é fácil; pelo contrário, a marca do desconhecido aterroriza, ou faz com que você se veja em sobressaltos. De repente, ouvimos e vemos os frutos da imaginação, e se não corremos de imediato para a realidade, deixamos que a fantasia nos desequilibre.

À nossa frente, a avenida Shostakovich. Um corredor em mão dupla com cerca de três quilômetros, cortada por canteiros que outrora foram floridos. Por ela estão esparramados inicialmente pontos comerciais, travessas dedicadas aos negócios, transformando-se a extensa avenida aos poucos mais residencial. O asfalto, numa extensa reta, estava salpicado de destroços e buracos. Carros e ônibus não tinham mais condição de tráfego.

– Não gosto deste deserto. Onde estão as pessoas? Cadê esses milicianos? – resmungou Saldy, preocupado.

– Vou tirar uma foto da avenida.

A fala de Saldy e o clicar da máquina de Cusnan quebraram o silêncio, mas não o suficiente para que aquela solidão terminasse. Resolvemos seguir pela calçada à nossa direita, investigando os prédios à procura de um ser humano, fosse ele criança ou não. Os dados extraoficiais informavam que, antes do início da guerra, a capital Grancy era habitada por uma população estimada em seiscentas mil pessoas. Em dois meses de luta, pelo menos cem mil pessoas haviam fugido, outras trinta mil teriam morrido, e cerca de cinquenta mil estariam na luta armada, fazendo parte da milícia nacionalista. Portanto, a cidade ainda contava com uma população civil de aproximadamente quatrocentos e vinte mil pessoas, e não era possível que num local tão importante da vida na capital não se encontrasse ninguém. O reflexo do medo de uma noite sob fogo da artilharia inimiga haveria colocado todos em estado de alerta e refúgio?

Escolhemos um pequeno prédio pelo seu aspecto residencial nos dois andares superiores para começar a busca. A placa de número 44 estava pendurada por um único rebite e a porta, de folha dupla, não estava trancada. Uma escada estreita levava para o andar superior e, do lado esquerdo, havia uma porta. Seria o porão? Tentamos abrir, mas ela estava bem trancada, só nos restando subir aqueles degraus e descobrir se haveria alguma família lá em cima.

Como os bombardeios eram indiscriminados, poucos se aventuravam a ficar nos andares superiores, preferindo a rua, os abrigos ou os porões. Fui à frente e, por mais que me esforçasse, não conseguia evitar o ranger dos degraus de madeira. Lembrei-me de falar bem alto que éramos jornalistas e estávamos ali em paz. Repeti essa fala como uma oração até atingir o topo e encontrar um corredor de acesso ao outro lance de escada. Havia dois apartamentos. Saldy bateu na primeira porta, mantendo nosso anúncio. Insistimos, mas ninguém nos atendeu. Fizemos o mesmo no segundo apartamento e assim também no andar seguinte. Todas as portas estavam trancadas e ninguém nos atendeu. Resolvemos descer e buscar outro prédio, quando a porta do primeiro apartamento se abriu, timidamente, aparecendo junto à corrente de segurança o rosto de uma senhora.

Saldy, como bom visitante, fez as apresentações e perguntou se poderíamos conversar. Confesso que não esperava que aquela senhora nos abrisse a porta, mas foi o que aconteceu.

O apartamento era modesto na sua decoração, entretanto possuía uma boa área. A senhora de cabelos brancos e rugas pelo rosto nos 'entrevistou' a respeito das últimas notícias, fazendo me sentir num *talk show* ao vivo em numa TV. A cada informação, ela balançava ligeiramente a cabeça para frente e quase não piscava.

Sentada no sofá, parecia menos magra do que em pé. Perguntei seu nome.
– Eu sou Melina.
Não me aventurei a perguntar o resto do nome, pois o anonimato era compreensível, numa situação em que qualquer detalhe podia desencadear uma perseguição, uma represália.
– Os outros apartamentos têm pessoas morando?
Ela me fitou com olhos negros bem grandes e um sorriso nos lábios, baixando a cabeça, ou seja, ela estava me dizendo que talvez sim, talvez não. Cada um só fala de si. Informamos nossa intenção de fazer uma reportagem sobre crianças órfãs e se ela teria alguma informação nesse sentido. Limitou-se a uma frase:
– Quando os inocentes pagam pelo mal dos outros, já não temos mais valores definidos para a vida.
Agradecemos sua hospitalidade e nos despedimos. Os velhos degraus novamente rangeram, enquanto a porta era fechada, talvez para sempre.
Ao chegarmos à rua lembrei-me como me encontrava: com roupa de inverno, barba por fazer, cabelos saindo pelo gorro, um cinto onde estavam presos o gravador e o cantil com água. Lenços brancos amarrados nos braços e botas sujas completavam minha identificação, mais parecendo um soldado ao qual só faltava empunhar a arma, que no meu caso era um lápis e um bloco de anotações. Também eu não seria um inocente pagando pelo mal dos outros? E também Saldy, Cusnan e os demais jornalistas? Não carregava uma chapinha de metal com meus dados pessoais pendurada numa

corrente, mas em meu peito brilhava o plástico de um crachá a dizer: por favor, não atirem em mim, sou apenas um repórter; não defendo nenhum dos lados em conflito, apenas registro os fatos e faço comentários, apolíticos. Cumpro meu papel de forma neutra, como jornalista, que tem que estar onde tudo acontece e não tremer, diante mesmo do horror de uma tragédia.

Antes do ser humano, como aprendi no curso universitário, tem que estar o repórter, e muito fácil para mim era trabalhar daquela forma, sentado na redação como cronista e articulista, mas, e agora, se uma velha senhora, mais velha pelos sofrimentos dos últimos meses, revelava pessimismo diante da vida e lembrava que pequenos seres, frágeis, inocentes, pagavam pelo abuso egoísta dos adultos?

Retomamos nossa caminhada em fila indiana. Cusnan, muito perspicaz, observou:

— Zoldan, você é o sargento e nós somos os soldados. Ando percebendo que temos incorporado aos nossos hábitos as maneiras dos soldados, como esta, de andar em fila para dificultar que nos peguem de uma só vez. Maldita guerra que deu fim ao bom hambúrguer.

— Contenha-se, Cusnan, não vá começar a despejar seu ódio pela guerra em cima de nós. Por que você não se tornou um fotógrafo de arte? — respondeu Saldy, que era o último da fila.

— E eu tenho paciência para isso? Meu negócio é cobrir os fatos, sair e registrar a matéria quente. O que acontece, acontece, não tenho nada a ver com isso, mas odeio esta guerra, ela não me dá sossego. Esse pessoal luta sei lá por

que e nós é que pagamos a conta. Eles não podem voltar para casa e cometer um crime só de vez em quando?
– Para mim, um crime é sempre um crime.
Soltei a frase com certo amargor, desestimulando a conversa, deixando no ar algo de filosófico no pensamento. Estávamos numa esquina. Procurei a placa com o nome da rua e a encontrei com um furo de bala sobre a janela de uma loja. Lia-se, meio desbotado, rua Wieniawski.[6] Tinha horror à falta de sinalização nas ruas e encontrar a placa foi um alívio, e início de simpatia para com aquela rua mais estreita e de comércio.
Indeciso, ficamos parados na esquina olhando para a rua e tentando imaginar o que nos aguardava mais além.
– Vamos entrar por ela? – perguntou Saldy, receoso.
– Desde que não encontremos pela frente esses soldados querendo puxar o gatilho de qualquer maneira, por mim tudo bem, até que esta rua leva jeito para ser fotografada – brincou Cusnan, querendo aliviar nossas preocupações.
Esforçando-me por seguir num tom mais descontraído, tentei brincar com ele.
– Sua gordura está interferindo em seu raciocínio. Você não acabou de nos dizer que não é um fotógrafo de arte?
– Ora, Zoldan, não me faça lembrar os bons dias de *fast-food*. Eu devia ter esquecido a máquina fotográfica no balcão, assim não estaria aqui, tendo de aguentar

---

[6] Henryk Wieniawski (1835-1880) era polonês, sendo considerado o maior violinista depois de Paganini. Menino prodígio, viajou por toda a Europa e Estados Unidos da América em concertos memoráveis. Deixou 28 concertos para violino e orquestra.

vocês e – que o inferno os consuma – esses soldados. Finalmente sorrimos e, num ato espontâneo, nos abraçamos.

– Bem, meus amigos, vamos em frente. Vamos entrar por esta rua e ver o que achamos.

Obedecendo minha ordem de comando, adentramos pela estreita rua. Todas as lojas estavam com suas portas fechadas, e o único sinal de destruição era um edifício demolido, provavelmente por bombas. Conforme nos aproximávamos do primeiro cruzamento, a extensão da tragédia se agigantava. Na verdade, o cruzamento já não existia e nem havia uma esquina onde pudéssemos encontrar uma placa. À nossa frente um, dois ou mais quarteirões inteiramente destruídos. Esqueletos de cimento e ferro jaziam entre tijolos e inumeráveis destroços espalhados pelo chão. Alguns pequenos prédios e casas ainda resistiam no meio daquele deserto formado pela guerra. Uma extensão de grade e o formato do que restava do edifício denunciavam uma escola, ou melhor, o que já fora um estabelecimento de ensino, educando as crianças que estávamos procurando. Cusnan não perdeu tempo e registrou o fato. Entramos no que havia sobrado da escola para fazer algumas anotações e mais fotos e não vimos sinais, pelo menos evidentes, de morte de alguma criança ou adulto. Uma sala sem parte do teto conservava uma estante contendo pastas com trabalhos escolares, arquivados por alguma professora. Por instantes fiquei folheando desenhos, pinturas, redações e imaginando as crianças na sala de aula, contentes, fazendo suas lições. Onde estariam agora? Embora fosse solteiro, fiquei imaginando a dor daqueles que eram pais, e agradeci a mim mesmo por não ter deixado ninguém à minha espera, alguém mais íntimo, como um filho, uma esposa ou uma namorada. Ficaram os amigos e alguns parentes, mas os sentimentos são diferentes, os laços não são tão fortes.

— Zoldan, Cusnan, venham até aqui, há pessoas se deslocando, estou vendo.

Atendemos ao chamado de Saldy num misto de ansiedade e despertamento de um sonho, e lá estavam eles, os moradores de Grancy, em pequenos grupos, andando por uma rua que distanciava cerca de cem metros de onde estávamos. A vontade era sair correndo, mas se o fizéssemos, eles se assustariam com nossa aproximação intempestiva. Optamos por caminhar normalmente, com o coração batendo mais forte a cada passo, a cada obstáculo vencido. Quando chegamos perto, um pequeno grupo de pessoas, entre elas duas crianças, parou para nos observar. Fizemos gestos de amizade e indicamos os crachás e lenços para que eles entendessem, mesmo à distância, que éramos jornalistas. Percebi uma expressão de alívio em seus rostos e conseguimos conversar, trocando informações.

Pertenciam a uma mesma família e, junto com amigos e vizinhos, estavam à procura de água e comida nos entrepostos montados pela guarda nacionalista. Contaram que viviam provisoriamente nos porões de algumas casas e indicaram-nos um local não muito distante onde sabiam estarem refugiadas crianças órfãs.

Agradecemos, iniciando nossa nova marcha, quando ouvimos o silvo característico de uma bomba caindo. Tudo foi muito rápido, mal dando tempo para nos deitarmos no chão, pois fomos jogados longe pelo deslocamento do ar e pela reação instintiva provocada pelo estrondo. Levantei a cabeça para ver onde a bomba havia caído e ouvi os gritos das pessoas com as quais tínhamos conversado. Assisti, então, à mais trágica cena de minha existência. Correndo solta e aos gritos, uma das crianças procurava abrigo, enquanto sua mãe ia ao seu encalço. Diante dos meus olhos tudo ficou encoberto por uma nuvem de poeira, e dois corpos foram arrancados violentamente do chão. Mãe e filho estavam mortos por um insensível tiro de artilharia, e eu me sentia também morto, por dentro. Coloquei o rosto entre as mãos, mas não consegui chorar. Estava tão perplexo, tão confuso, tão chocado, que sequer o jornalista funcionou. Deitado no chão apenas permanecia o homem Peter Zoldan. Os minutos passaram e pensei que tivessem sido horas, até que as mãos de Saldy me sacudissem e me levantassem. A dor não era um sonho, e tanto mais cruel ficou quando os lamentos que saíam dos lábios daquelas pessoas, que não estavam fazendo a guerra, chegaram aos meus ouvidos.

Lembrei-me de um diálogo com minha mãe quando, jovem, havia entrado na universidade. As palavras dela pareciam ter sido feitas de encomenda para a situação que agora estava vivendo.

– Você vai mesmo seguir essa vida de repórter?

– Não exatamente um repórter, quero ser redator e cronista, ter uma coluna própria. A senhora sabe como gosto de escrever.

– Eu sei, e aprecio o que você escreve.

— E como gosto de escrever sobre os fatos, dou preferência a trabalhar nos meios de comunicação, a me tornar um escritor, um literato.

Disse-lhe essas palavras com convicção, certo de minhas tendências. Foi então que minha mãe profetizou, sem o saber.

— Um dia você poderá ter de sair a campo para colher o assunto de sua crônica ou de sua matéria, enfrentando não os dados de uma fita gravada, de uma foto ou de um bloco de anotações, mas a realidade das ruas e das pessoas. Quando isso acontecer, lembre-se que nenhum profissional pode ser insensível. Atrás de cada um há sempre um ser humano. Nunca se esqueça disso e você se tornará um bom jornalista.

Nunca mais esqueci essas palavras de minha mãe, mas somente agora compreendo o quanto elas têm de reflexão e humanidade.

Olhei para meus pés e vi uma placa de metal por baixo das botas. Agachei-me e tirei a poeira e entulho que a encobriam. Era uma placa de rua identificando onde estávamos, a praça Dostoievski.[7]

Não poderia ser outra a circunstância do encontro deste pequeno jornalista com o grande escritor?

---

[7] Fiodor Mikhailovich Dostoievski (1821-1881) nasceu em Moscou, iniciando sua vida literária aos 25 anos com o romance *Pobre gente*. Aclamado como gênio da literatura, entre suas obras de maior importância destacam-se *Crime e castigo* e *Os irmãos Karamazov*. Defensor da liberdade e intransigente na luta contra a injustiça social, ficou vários anos aprisionado.

NA VÉSPERA
DO NATAL

MEUS PRIMEIROS DIAS na cidade de Grancy foram de intenso trabalho de cobertura dos impasses e negociações entre as duas partes em conflito, tendo me concentrado no palácio de Governo, já que minha função era a de analista internacional. Vivi as tensões daqueles momentos difíceis numa atitude tão fria quanto o inverno, acreditando que no diálogo eles conseguiriam evitar o confronto armado, o que não queria ver de perto. Entretanto, o céu se fechou no dia vinte e três de dezembro, com troca de acusações e a confirmação que as tropas de invasão estavam prontas para agir na fronteira. No corre-corre que se seguiu a esse anúncio, ainda não havia cogitado de todo a extensão do significado de uma guerra, e o fato de permanecer no meio dela. Do Natal, ninguém falava.

Entre o palácio de Governo e o hotel Glinka, onde tínhamos a redação, podia sentir a agitação do povo que claramente se dividia entre os exaltados defensores da nacionalidade, os indiferentes, os que procuravam amenizar a situação para estabelecer a paz e os desesperados que utilizavam de todos os artifícios para sair da cidade. O próprio hotel refletia isso em seus serviços, já um tanto quanto precários e mantidos em parte por nós jornalistas. Na espera do Natal, o sentimento era muito confuso. Cumprindo minhas funções, dirigi-me ao palácio de Governo logo pela manhã, depois de uma noite de inúmeras informações e desmentidos. Encontrei-o cercado pelos milicianos, barricadas, cercas de arame e só com muita dificuldade consegui acesso. Lá dentro encontrei pela primeira vez o fotógrafo Harry Cusnan, e foi graças às suas veementes reclamações e intimidação física que conseguimos, eu, Saldy e a equipe americana subir para uma entrevista com o presidente ou um de seus ministros.

Assim que a porta do elevador se abriu, fomos recepcionados por guardas armados e quase, por força da irritação de Cusnan, não fomos as primeiras vítimas da tensão reinante. Restabelecidos os ânimos, aparece vindo de uma das salas o porta-voz do governo, Igor Seneiev, conhecido por suas palavras sempre politicamente corretas. Magro e de estatura baixa, estampava um sorriso que não conseguia disfarçar o cansaço de uma noite em claro. Seneiev, apesar do frio de inverno e do péssimo aquecimento do palácio, estava sempre elegantemente vestido de terno e gravata, guardando com toda prudência o casaco em sua sala, afinal era o porta-voz do governo, sendo sempre alvo de fotografias e filmagens. Todos já sabiam das boas repercussões que os elogios à sua elegância produziam, mas, com sinceridade, não me lembrei de fazer comentário sobre isso naquele momento. Ficamos na expectativa e Saldy falou em voz baixa que dificilmente sairíamos daquele corredor. Ele tinha razão, Seneiev manteve apenas alguns guardas e se colocou à disposição, por alguns minutos, para responder a nossas perguntas.

– Haverá realmente confronto? Qual é a situação neste momento? – perguntou o repórter americano que eu não conhecia.

Seneiev mordeu os lábios para controlar o nervosismo, medindo as palavras, e respondeu:

– Todos os esforços estão sendo feitos para um entendimento. Acreditamos que a nossa independência será respeitada e que o confronto armado é perfeitamente dispensável, entretanto, estamos prontos para a defesa de nossa soberania.

A resposta não podia ser mais dúbia.

Igor Seneiev era o retrato perfeito do mau político, do homem acostumado a esconder a verdade através de palavras vazias, muitas vezes sem sentido, e de outras vezes com duplo sentido, querendo tanto significar o sim como o não. Ele tinha aquele dom que não pertence a todos, mas somente aos que trabalham por desenvolvê-lo, de polir as palavras e o tom de voz, controlando a emoção numa disciplina irritante de seguir sempre o pré-estabelecido, o que foi convencionado a ser dito, independentemente da realidade. Naquele momento o analista internacional entrou em ação e concluiu que as palavras do porta-voz significavam a proximidade do confronto armado, se é que naquele momento as tropas já não se enfrentavam na fronteira, como se comentava desde o dia anterior. Naturalmente ele desmentiu essa informação.

A entrevista durou pouco tempo e fomos dispensados de maneira brusca, com a informação de que nem o presidente, nem um dos ministros iriam prestar declarações.

Valendo-me da simpatia que Seneiev tinha por mim, consegui um rápido diálogo antes da entrada no elevador, diálogo carregado de meias palavras.

– Então, é a guerra? – perguntei.
– Não lhe disse isso, mas pode acontecer.
– E o Natal?
– Deus nos perdoará.
– O governo vai convocar a população para a luta armada?
– É a independência o motivo, mas as armas, bem, não sei sobre essa informação.
– Ainda nos veremos?
– Depende das conversações.

Dito isso ele se despediu e os guardas me colocaram elevador adentro.

Pensei: depende das conversações políticas e do lugar em que as bombas caírem. Um frio na espinha me arrepiou e quase entrei em pânico com a ideia de morrer destroçado por um míssil ou tiro de fuzil. Todos me olhavam, curiosos, impedidos que foram de escutar meu ligeiro diálogo com Seneiev. Limitei-me a dizer que ele nada havia acrescentado em relação à entrevista.

O saguão do palácio estava tomado pelos guardas e funcionários, não nos sendo permitido conversar com ninguém.

Logo nos vimos na rua, diante do arame farpado, das barricadas e do povo. O medo e a exaltação eram evidentes e, pela movimentação da milícia nacionalista, era claro que eles fortificavam a capital para resistir a uma invasão.

– O que Seneiev lhe disse, afinal? – era Saldy, rompendo o silêncio e colocando ordem na balbúrdia dos meus pensamentos.

– Ele disse que Deus os perdoará por iniciarem a guerra em pleno Natal.

– Como é?

– Foi o que ele me disse – respondi laconicamente.

– E desde quando Igor Seneiev tem preocupações religiosas?

– Isso eu não perguntei. Anote para perguntar numa próxima entrevista.

Saldy segurou-me pelo braço, interrompendo nossa caminhada, entre irritado e curioso.

– Muito bem, esquecendo o Natal, que mais ele disse?

– Deixou claro que a intenção é convocar a população para a luta armada, mas parece que eles não possuem armas suficientes.

– Então será um genocídio! – exclamou.

– Em pleno Natal – finalizei.

Retomamos as passadas de volta ao hotel e não mais

conversamos. Cada um de nós estava absorto no que iria fazer. Os telefonemas internacionais, a coleta de dados via fax e e-mail, a troca de informações com outros correspondentes e, finalmente, a redação de mais um capítulo jornalístico da vida humana num canto do planeta, navegando pela internet.

Seria a ironia do destino eu estar, na véspera do Natal, pronto para comemorar o nascimento de Jesus diante do primeiro tiro da guerra? Se esse seria o meu presente, mil vezes ficar sem nenhum, mas o que fazer, se naquele momento a fuga não era possível? E quem pensou em fugir? Havia um trabalho a ser feito e nele concentrei meus pensamentos.

Enquanto as letras corriam céleres pela tela do computador, recordava em minha mente as razões para a existência do Natal e a figura daquele messias ao qual nunca houvera dado muita atenção, embora conhecesse sua história. O mês de dezembro sempre fora um mês de festa, de troca de presentes, de abraços, de um jantar especial e de convívio familiar mais intenso. Luzes coloridas, árvores enfeitadas para aquecer o frio do inverno na paisagem europeia e o descanso de um feriado. Os religiosos iam às igrejas e nós, os indiferentes, depois de muito gastar no comércio, ficávamos em casa, tão envolvidos com a festa que o aniversariante não tinha vez. Não fazia falta. Mas agora estava fazendo. Agora que o comércio nada podia nos oferecer, que não temos enfeites brilhando, que a família está longe e a morte ronda nosso dia a dia, sinto que a presença dele faz muita falta. Não sei bem como, mas estou sentindo um

vazio no coração, ou talvez mais, um vazio dentro da própria alma. Muito estranhos esses sentimentos, como eles surgiram? Como podiam estar adormecidos dentro de mim, se nunca os cultivei?
Parei de digitar para deixar escorrer uma lágrima. Ninguém percebeu.

Está confirmada a movimentação das tropas invasoras ao longo da fronteira da Terênia, e ninguém mais duvida, face às declarações dos dois lados, que o conflito armado é questão de horas ou um a dois dias. O poderio militar invasor é bem maior que o da milícia nacionalista, e nossa crença, como correspondentes internacionais, é de uma guerra curta, com a queda do estado independente, da liberdade de direitos e do livre pensamento político.
"Toda guerra é injusta, porque a violência nunca justificará a democracia", assim terminei minha matéria.
Será que no Natal esse tema possui outra dimensão?
Ao emitir esse pensamento, um frêmito tomou conta de meu corpo e uma sombra humana pareceu estar do meu lado, como se eu estivesse sendo observado por alguém que não estava ali, pelo menos não presencialmente. Será isso possível? Não sei, sinceramente não sei.

O ENCONTRO

NO MEIO DA poeira e dos estilhaços, a solidariedade ainda distingue o homem dos animais. É a dor unindo os corações, um sentimento de ajuda misturado às lágrimas. Várias pessoas correram em socorro das duas vítimas – mãe e filho – embora já não mais pudessem restituir a vida a essas duas almas. O pai e também avô chorava por dentro, porque sua face estava límpida, apenas seu coração batia mais forte.

Deixei a placa cair de minhas mãos e fiquei observando aquele velho homem ajoelhar-se e dirigir uma prece ao céu. Depois, lentamente, todos foram dispersando, alguns providenciando a retirada dos corpos, outros na procura de mantimentos. Um grupo de milicianos apareceu e o comandante fitou-nos de longe, parecendo não se importar com nossa presença, nem com as fotos tiradas por Cusnan. Foram embora sem mostrar maior emoção.

Minhas pernas começaram a tremer e uma agonia sem precedentes parecia querer explodir de dentro para fora. Sentei e aí fiquei, pensando no absurdo da guerra, na morte horrível que acabara de presenciar, e nos discursos que poderia escrever contra tudo o que estava acontecendo à minha volta. Mais uma vez Saldy me sacudiu, trazendo-me à realidade.

– Que é isso, Zoldan, ânimo, não deixe o abatimento tomar conta de você.

– Já vi colegas caírem em depressão diante da violência, e isso não é nada bom – arrematou Cusnan.

Aceitei a mão estendida de Saldy e coloquei-me em pé, com vontade de gritar, mas preferi calar, manter interiorizado meu sentimento de repúdio.

– Eu sei – murmurei –, eu sei que é horrível, mas não vou me deixar abater.

Saldy deu um sorriso.

– Muito bem, é assim que se fala. Temos agora uma reportagem muito boa que vai sacudir os leitores. Poderemos mexer com a opinião pública. Eu farei as chamadas, o Cusnan a arte fotográfica e você, meu amigo, a redação, porque precisamos de alguém com esses sentimentos que estão aí dentro – e apontou meu coração.

Como sempre, Saldy tinha razão. Até a volta ao hotel meus pensamentos já estariam em ordem e os sentimentos devidamente controlados, prontos para serem descritos pelas letras da máquina de escrever em forma de matéria jornalística, porque eu já deixara de ser um mero analista internacional para me tornar um repórter, um correspondente de guerra. Estava agora no cenário, não mais nos bastidores.

— É isso mesmo, Zoldan — foi falando o irrequieto Cusnan —, dou todo apoio às suas palavras, sejam quais forem, repudiando esta guerra desgraçada e todo mal que ela nos faz.

Cusnan foi falando ao mesmo tempo em que trocava o cartão de memória da máquina, aproveitando para vociferar seus costumeiros palavrões contra soldados, bombas e metralhadoras. Saldy e eu rimos, embora a situação não comportasse comédia, mas era a maneira de atenuar a tensão que nos consumia.

Decidimos continuar à procura das crianças, caminhando na direção que nos fora indicada, saindo daquela área destruída e entrando numa rua com vários pequenos prédios residenciais. Num deles funcionava um entreposto de abastecimento montado pela milícia, e resolvemos conversar com os responsáveis para obtermos alguma notícia.

Havia uma fila aguardando atendimento. Dentro da casa estavam um guarda armado e mais três voluntários separando pequenos sacos de gêneros alimentícios para distribuição. Uma parte, pelo que víamos nas embalagens, tinha sido doada por organismos internacionais, tendo entrado em Grancy durante a pequena trégua de dois dias para se tratar da paz, que não houve. O restante era proveniente, com certeza, do contrabando. Perguntamos ao guarda se ele tinha alguma informação quanto aos últimos combates.

— Estamos perdendo o controle. O general Rastov

está avançando para o centro da cidade, é o que sei.
— Isso quer dizer — comentou Saldy — que é apenas uma questão de horas para as tropas do general chegarem até nós.
— É possível — afirmou o guarda —, estamos tentando resistir e fortificar a praça Bartok,[8] para defender o palácio do Governo.
— Mas ele já chegou lá? — perguntou Cusnan, preocupado.
— Não, ainda não, antes ele terá de passar por nós — informou o guarda, segurando firme sua arma.
Lancei um olhar aos meus amigos e notei a apreensão que tomava conta de seus semblantes, e do meu, igualmente. Ficamos num dilema. Continuaríamos nossa busca das crianças, ou voltaríamos para fazer a cobertura da invasão?
Cusnan foi o primeiro a opinar:
— Por mim, quanto mais longe das balas, melhor.
— E você, Saldy? — perguntei.
Ele pensou alguns instantes, respirou profundamente e argumentou:
— Fico com o Cusnan. Adiar por algumas horas nosso encontro com a frente de batalha não vai fazer mal, e a questão da orfandade vai mesmo se agravar com toda essa luta.
— Bem, com dois votos a favor, junto o meu.

---

[8] Bela Bartok (1881-1945) pesquisou a música popular húngara e destaca-se entre os compositores modernos por sua invenção e inovação musical. Criou novas sonoridades orquestrais, sendo considerado um dos principais gênios da música clássica do século vinte.

Mal havia dado minha opinião e uma senhora que estava na fila aproximou-se e, num bom inglês, iniciou uma conversa decisiva para nós. Ela estava bem vestida e não aparentava ter mais do que quarenta anos, embora o lenço na cabeça toldasse seus cabelos e parte do rosto. Havíamos esquecido que alguém poderia entender a língua inglesa, que normalmente utilizávamos para conversar entre nós. Cusnan saudou a interlocutora com sua costumeira irreverência.

– Graças a Deus, alguém que fala a minha língua. Por causa disso, minha senhora, este país agora tem salvação.

Sem se incomodar com o gracejo, ela pousou suas mãos nas minhas e, com muita simpatia, se apresentou:

– Sou a professora Tânia Zuburovna, e não pude deixar de ouvir o que conversavam. Se estão à procura de crianças órfãs, sou a pessoa para levá-los até elas.

– A senhora é professora dessas crianças? – Era Saldy, sempre se adiantando ao meu pensamento.

– Sim, dou aulas para elas desde que a escola interrompeu seu funcionamento.

Agradeci, sensibilizado, por aquela oferta generosa. Suas mãos nas minhas tinham o toque de afeto que as mães têm pelos filhos, com aquele dom de acalmar, transmitindo força de ânimo, coragem, ao mesmo tempo em que agradeciam o encontro e solicitavam ajuda. Como podem as mãos comunicar tanto? Que magia guarda um sorriso? Senti-me à vontade e aliviado, pronto para entregar meus passos àquela professora que acabara de conhecer, e que se prontificava a ser guia de nossa caminhada.

Ajudamos a carregar os poucos pacotes que lhe atendiam as necessidades e saímos à rua. O céu estava salpicado de nuvens brancas em desenhos variados, e o sol surgia tímido, avivando ainda mais o azul que se estendia entre as nuvens. Era uma manhã linda e somente agora reparava nisso, tão absorto estava com a nossa peregrinação jornalística, a preocupação da guerra e o trágico acidente do qual fora espectador. Há mais de uma hora andava pelas ruas de Grancy e nem sequer havia olhado para cima. Meus pés pesavam tanto que faziam pender a cabeça, fixando meu olhar para o cinzento do asfalto, ou para os muros e portas das casas. Somente o humano chamava-me a atenção, triste condição de quem mergulha na tragédia.

Temos de fazer um grande esforço para manter o equilíbrio e a imparcialidade diante do conflito bélico. Às vezes o desânimo quer tomar conta de nossas ações, de outras vezes é o desespero que se aninha, contaminando o equilíbrio. As histórias causadas pelos traumas de guerra são inúmeras, contudo, o mais importante são as mudanças de comportamento, o novo modo de encarar a vida, porque sua sensibilidade é tocada na raiz e seus valores são destroçados, sacudidos e remontados. Aquele que se diz insensível não sabe o significado de uma guerra desumana, onde os cidadãos são pinos de um jogo de boliche, onde a explosão de uma bomba ceifando vidas é apenas acidente de rotina.

Estava nessa meditação, quando uma rajada de metralhadora, seguida de tiros de fuzil automático, despertaram-me. Pelo eco podíamos determinar a distância aproximada, muito perto. Apressamos os passos e chegamos a uma casa de dois andares, tijolos marrons escurecidos pelo tempo, na mesma rua do entreposto. Havia uma escada gradeada pintada de preto levando para o porão, indicando que lá embaixo morava alguém. Tânia desceu à nossa frente, bateu à porta e se anunciou. Uma criança na faixa dos doze anos de idade atendeu. Ela olhou-nos um pouco assustada, mas acalmou-se diante da explicação da professora.

O porão transformado em casa-orfanato não possuía paredes divisórias. Apesar das muitas crianças que nossos olhos podiam detectar, tudo parecia limpo e em ordem. Quando a porta foi fechada, a luz do dia claro foi substituída pela iluminação de poucos lampiões, e sentimos dificuldade de fixar melhor o ambiente. Só com o passar dos minutos observei que havia algumas camas do tipo beliche, colchões no chão e que no fundo havia uma cozinha. Pouco a pouco as crianças foram se aproximando, perdendo a timidez à medida que nos cumprimentavam, sempre tendo Tânia a intermediar as apresentações. Já acostumado ao pálido brilho dos lampiões, notei que um misto de apreensão e sofrimento marcava aqueles rostos. Tânia, exatamente como fizera no entreposto, tomou a iniciativa da conversação.

– Todas estas crianças são órfãs ou estão perdidas de seus pais. Algumas tiveram seus pais mortos nos bombardeios indiscriminados ou na frente de luta, e outras os perderam nas tentativas de fuga e nos tumultos das ruas apinhadas de gente em desespero, e não conseguiram mais localizar os parentes, o que se torna cada vez mais difícil.

— E como elas reagem a essa violência? — indaguei.

— Depende. Cada criança aqui é um caso específico.

Mudando a expressão fisionômica, que se tornou séria e melancólica, Tânia sentou-se num colchão ao rés do chão, junto a uma menina aparentando talvez uns seis anos de idade, magra e com os olhos parados, fixos em algum ponto, não reagindo nem ao afago da professora em seus miúdos cabelos. Diante de nossa expectação, ela explicou:

— Esta é a pequena Ilyuma, nome que encontramos bordado em seu casaco quando a resgatamos no meio da rua. Pelo que pudemos descobrir, e mesmo assim sem muita certeza, ela deve ter sido testemunha de algum horror, provavelmente quando da perda dos pais. Ilyuma não fala e está, se posso definir deste modo, numa vida vegetativa, sem responder aos estímulos que lhe oferecemos.

Senti-me sem ação, procurando palavras, e como não as encontrei — ironia para quem sempre as tem tão fácil nos dedos das mãos — dirigi meu olhar para Cusnan e Saldy, pedindo-lhes socorro. Os dois estavam também sem palavras.

Nervoso, Cusnan passeava a máquina fotográfica entre as mãos e suava como um adolescente diante de situação embaraçosa. Seu porte físico avantajado agora se assemelhava a um garotão gorducho que não representa perigo.

Saldy também estava diferente, com o olhar meio

perdido entre as crianças e os poucos móveis daquele salão transformado em orfanato.

Compreendi que a equipe estava num daqueles perigosos momentos de humanização, quando o profissional imparcial cede lugar ao homem afetivo, mas, sinceramente, não sei se isso é realmente algo ruim ou perigoso. O não envolvimento emocional numa reportagem traz o perigo real do endurecimento do coração, da análise superficial, fria dos sentimentos envolvidos, e isso também representa um procedimento não muito bom, uma vez que ao longo do tempo vai criando raízes de insensibilidade, de indiferença.

Ergui o olhar, estendendo-o pelo recinto e fiquei naquele dilema, entre o ser profissional e o ser humano, como se estivesse diante do teclado lendo o texto e procurando concatenar as ideias para prosseguir a redação. Num primeiro impulso temos vontade de refazer tudo o que já está escrito, depois relemos e acomodamos o pensamento em como está deve ficar, bastando dar sequência, reservando ao final a reflexão que quase nos fez reiniciar o trabalho. Com o faro de jornalistas, fomos em busca das crianças que estavam à nossa frente. Será como jornalistas que iremos continuar.

Estava nessa conclusão quando Cusnan perguntou a Tânia se podia tirar umas fotos. Ela, então, ergueu a voz, explicando às crianças quem éramos, o que pretendíamos, e que não tivessem receio, pois seria bom o nosso trabalho. A criançada reagiu bem, desinibindo-se com o passar dos minutos no relógio do tempo.

Enquanto Cusnan tentava se ajeitar com a meninada,

a cada registro fotográfico ouvíamos os tiros da batalha que era travada nas proximidades. Não restava a menor dúvida quanto à informação prestada pelo guarda nacionalista. A queda da capital era iminente, e nosso trabalho tinha de ser agilizado. Após algumas anotações, Tânia nos levou aos fundos, num pequeno quarto improvisado com paredes de lençóis pendurados, localizado ao lado da cozinha, para, segundo nos informou, apresentar-nos à verdadeira responsável pelos cuidados dispensados àquelas meninas e meninos.

– Ela está muito doente, com febre, tendo enfraquecido, mas felizmente há dois dias vem melhorando, e já retomou uma alimentação mais forte. Seu nome é Anna.

Tânia abriu uma cortina utilizada como porta e adentramos o pequeno quarto onde cabia uma cama, um pequeno armário de duas portas e uma cadeira.

Uma voz enfraquecida, meiga, cortou o silêncio respeitoso de nossa parte.

– O que está acontecendo, Tânia?

– Minha amiga, estes são os senhores Cusnan, Saldy e Zoldan, jornalistas internacionais, e que estão fazendo uma reportagem sobre as crianças abandonadas, vítimas da guerra. Eles poderão nos auxiliar muito, tenho certeza.

Acompanhando suas últimas palavras, Tânia nos endereçou um olhar suplicante que, com sinceridade, deixou-me desconcertado. Quem éramos nós para prometer alguma coisa? Tomei de coragem e falei pelo grupo:

– Faremos o melhor ao nosso alcance.

– Nós só temos que agradecer – respondeu Anna, recostada ao travesseiro.

Tânia segurava a mão esquerda de Anna entre as suas, e pude ver quando a apertou, num gesto típico de alegria e fortalecimento da fé. Sorri e pedi licença para registramos através da fotografia aquela cena de união entre duas amigas, retrato que, tinha certeza, seria símbolo de algo maior, algum dia. Decidimos nos dividir para colher as informações necessárias à redação da reportagem. Saldy e Cusnan saíram com Tânia para entrevistá-la e algumas crianças, enquanto mantive-me com Anna. Tudo rápido, para que pudéssemos nos deslocar para a cobertura da invasão que naquele momento se processava.

Sentado ao lado daquela mulher de feições magras, desfigurada pela doença, mas de sorriso cativante, reconheci-lhe o cabelo longo, entre o ruivo e o loiro, os olhos escuros de meiga expressão a me convidarem à paz de espírito.

– Anna...
– Anna Lukova.
– Desculpe-me perguntar, mas quantos anos?
– Vinte e seis.
– Alguma formação profissional?
– Sou professora.
– Então, temos duas professoras. Da mesma escola?
– Isso mesmo.
– E sua família?
– Perdi meus pais aos onze anos, vítimas de um acidente de trânsito. Desde então estive aos cuidados de

tios que já se retiraram de Grancy, fugidos da ameaça da guerra. Vivo sozinha há mais de seis meses.
– Você não quis ir com eles?
– Preferi ficar, continuar a dar aula na escola.
– E como veio a cuidar de crianças abandonadas?
– Com o cerco à cidade e os bombardeios, as aulas foram suspensas e depois a escola foi atingida por bombas. Foi quando comecei a ver cenas de crianças perdidas dos pais e sem ter para onde ir. Juntei-me a Tânia e começamos esse trabalho.
– Esta casa é de vocês?
– É de Deus. Ocupamo-la porque estava vazia.
Um pequeno acesso de tosse interrompeu a entrevista.
Deixei o bloco de anotações de lado, pois o gravador estava sem pilha, e valendo-me de um termômetro, verifiquei se ela estava febril. Felizmente sua temperatura estava normal e, por suas explicações, cheguei à conclusão que sua doença estava associada à má nutrição e possível infecção intestinal, já em estágio final. Consultei o relógio e ele apontava a hora da partida. Iniciei a despedida prometendo voltar com ajuda, mesmo sem saber, na verdade, se poderia fazer isso, mas que importância havia nisso, se minhas palavras lhe faziam bem?

Apertamos as mãos em gesto de despedida, como milhares de vezes já havíamos feito, com as mais diversas pessoas, sentindo, desta vez, um impulso diferente, uma emoção estranha, que nunca houvera sentido.

Em pé, junto à saída daquele cômodo improvisado, disse-lhe, não sei explicar por quê:
– Não deixarei vocês sozinhas.

E dirigindo-me a Anna Lukova, fixando meu olhar naqueles olhos que me acalmavam, exclamei:
– Não vou lhe abandonar.
Lá fora os tiros se sucediam ao longe. A terra estremecia ao clamor das bombas caídas do céu. O fogo da artilharia levantava rolos de fumaça negra, e os combates ganhavam as ruas de Grancy, em trânsito para a região central, onde estava o palácio do Governo Nacionalista e toda a administração, inclusive nosso *bunker* jornalístico.

A porta do abrigo infantil voltou a ficar fechada e corremos escadaria acima, ganhando a rua, como se fôssemos soldados fugindo do inimigo. Cruzamos uma esquina e guardei na memória o nome da rua, lido de relance na placa cravada num prédio: rua Balakirev.[9]

Triste a música do momento a anunciar a morte e a destruição e não a beleza sinfônica da natureza, da vida.

---

[9] Mili Alekseievitch Balakirev (1837-1910) foi autodidata e grande pianista, tendo criado associações musicais, além de ter sido professor de música. É um dos mais influentes compositores da música clássica russa. Seu entusiasmo, dedicação e conhecimento marcaram todos os seus compatriotas.

MÚSICAS

GRANCY ERA UMA cidade de tradição musical. Desde o século dezoito que ela aparecia nas referências da música clássica, não tanto por ter sido o berço de grandes compositores, mas por ter se erigido em centro cultural amante da música de todos os tempos, mantenedora de boas orquestras, teatros e príncipes dispostos a patrocinar a vinda de músicos internacionais para brilhantes concertos. Personagens extravagantes – como o príncipe Zamarov, um rico perdulário do século dezenove que se comprazia em festas ruidosas e ruinosas para sua fortuna – não mediam esforços para trazer a boa música de todos os cantos da Europa. Fizeram a tradição que muito honrava a capital da Terênia, verdadeiro orgulho de seus habitantes, embora ela não tivesse se transformado em centro de peregrinação obrigatório dos amantes da música.

Confesso minha curiosidade em conhecer esta cidade que, por obra de seus administradores, mantinha ruas, praças, avenidas, teatros e outros edifícios e logradouros públicos batizados com o nome de grandes compositores e literatos, principalmente os que fizeram a glória dos povos integrantes do leste europeu, embora a Terênia, por justiça geográfica, esteja localizada em território asiático. Entretanto, a divisão político-social a ocidentalizara, fazendo parte, com o passar do tempo histórico, da região europeia.

Nem as convulsões políticas do século vinte a destronaram do privilégio de fazer parte do circuito internacional da música erudita, adaptando-se aos novos tempos e refletindo ainda um pouco do brilho de outras épocas, embora com menos fausto.

Logo depois de instalado no hotel Glinka, já uma homenagem de primeira grandeza, e ficar inteirado das ações jornalísticas que se desenvolviam, passei uma tarde caminhando com Saldy, meu intérprete e amigo, pelas ruas principais, entrando e saindo de museus, teatros, praças, palácios, igrejas. Foi um roteiro turístico-cultural que nos valeu uma bela reportagem, publicada em prestigiosa revista francesa. Recebi o exemplar já instalado no *bunker*, com a orquestra da artilharia, regida pelo general Rastov, executando um concerto de mísseis e bombas sem dó. Como péssimo maestro, o general fazia sua orquestra disparar acordes dissonantes para todos os lados, indiscriminadamente. Dia após dia, a praça Tchaikovisky, em frente ao hotel, foi perdendo sua beleza, reduzida a troféu de guerra.

Nada foi poupado. Um patrimônio incalculável estava perdido. Num combate entre as tropas em conflito, bazucas e tanques haviam destruído fachadas e interiores de prédios visitados por alguns desses mesmos artistas que tinham seus nomes homenageados. Os milicianos nacionalistas ganharam as primeiras batalhas, mas a humanidade havia perdido parte de sua história, de sua identidade cultural, substituída por outra história, marcada por horrores que desorientam e despersonalizam o homem.

Lembro-me da graciosa majestade do Teatro Tolstói,[10] reduto de apresentações literárias, musicais e teatrais que marcaram a geração da primeira metade do século vinte, finamente decorado em concordância com sua arquitetura em estilo neoclássico. Respirava-se nele a aristocracia das classes mais abastadas. Agora era um monumento desfigurado, resistindo brava e toscamente ao trágico final que se delineava.

Duas músicas contrastantes conviviam em Grancy.

O silêncio da velha arte, calada pelo famigerado egoísmo humano da posse material e escravização do semelhante.

A ruidosa guerra, com seu acervo de crueldades, apanágio do orgulho que sepulta a bondade.

A música, quando elevação do espírito, sempre será sublime, tocante, em vibrações que emolduram a alma de beleza.

A guerra, sejam quais forem os motivos, jamais se justifica; será sempre o retrato do homem animalizado, embrutecido, vibrando na paixão, nos desejos inferiores.

---

[10] Liev (Leon) Nikolaievitch Tolstói (1828-1910) é autor de vários clássicos da literatura universal, entre eles *Anna Karenina* e *Guerra e paz*. Considerado um dos maiores romancistas da Rússia pré-revolucionária, realizou intenso trabalho de orientação espiritual em seus textos, sempre elevados e profundos.

Será o trinar dos pássaros, numa manhã, vergonhoso para o orgulho humano, que então prefere a violência das balas ceifando vidas?

Por que as frases de um livro devem necessariamente ser gravadas com tinta vermelha, do sangue daqueles que morrem sem ter parte nos ódios?

Estou lendo este texto e descubro nele não o jornalista, mas o cronista internacional de preocupações humanistas. O Peter Zoldan da redação, recebendo os informes dos meios de comunicação e traduzindo-os na linguagem do quase editorial, da análise sociopolítica, revoltado com os acontecimentos, com uma linguagem adulterada pelos sentimentos do cidadão, do homem, da pessoa Peter Zoldan.

Sobre a mesa, uma nota melancólica de Saldy. Acaba de ser confirmada a morte de um cinegrafista inglês.

Não há ninguém para tocar a *Marcha fúnebre* de Chopin,[11] ou o *Réquiem* de Mozart.[12]

Coloco a cabeça entre as mãos e me pergunto, em voz alta:

– O que estamos fazendo aqui?

---

[11] Frédéric Chopin (1810-1849), polonês de nascimento, foi um dos maiores músicos de Paris do início do século 19. Dedicou toda sua obra ao piano, do qual era um virtuose, sendo aclamado mundialmente. Sua predisposição à boemia, mal daqueles tempos, e uma forte desilusão amorosa interromperam sua carreira de forma prematura, mas era um gênio e sua música ficou para sempre.

[12] Wolfgang Amadeus Mozart (1756-1791), o gênio austríaco que foi um fenômeno durante toda sua vida. Criança prodígio, viajou por toda a Europa, iniciando suas composições muito cedo. Ao todo, 41 sinfonias, 27 concertos para piano, óperas e uma gigantesca produção de concertos para os mais diversos instrumentos marcam sua genialidade.

NAS RUAS
DE GRANCY

Subimos a rua Balakirev correndo o mais rápido possível, no limite de nossa condição física e respeitando o passo mais lento de Cusnan, como um pequeno grupo de soldados desajeitados, até atingirmos a avenida Shostakovich, ouvindo sempre as rajadas de metralhadoras no meio de um tiroteio. Quando paramos na esquina de acesso à avenida, uma bala perdida atingiu a parede logo acima de nossas cabeças. Imediatamente nos agachamos, tentando identificar o que acontecia.

Cusnan deitou no chão, meio corpo na avenida, tentando fotografar alguma coisa.

– Sai daí, Cusnan! – gritou Saldy.

– Fica quieto, estou fazendo meu trabalho – respondeu mal-humorado e com o costumeiro acompanhamento de palavras não publicáveis.

À nossa esquerda, os milicianos nacionalistas estavam entrincheirados em barricadas improvisadas, além de espalhados pelos prédios, em confronto direto com uma tropa do exército invasor.

Pensei em sair dali, correr para trás das posições milicianas, mas os pensamentos não estavam coordenados com as ações e fiquei parado na posição de expectador, com medo, mas incapacitado de uma atitude mais eficaz. Deitando o olhar ao longo da avenida, percebi dois veículos blindados se aproximando.

– Estou vendo blindados avançando.

– Vai ser um massacre. Quantos são? – perguntou Saldy, enquanto fazia anotações.

– São dois – respondi.

Meus olhos de jornalista começaram a registrar a extensão da cena de guerra que presenciávamos. Dois tanques avançavam por entre os destroços procurando melhor posição para atingir com seus tiros as barricadas, o que seria fatal para os milicianos, até aí portando fuzis e metralhadores, impotentes contra esses gigantes blindados. Um soldado tomou posição próximo a nós, protegido por alguns destroços caídos no asfalto, fixando-nos por alguns instantes. Seus olhos cruzaram com os meus. Qual o significado profundo daquela expressão? Temor? Indiferença? Proteção? Lembranças? Um pedido de ajuda? A certeza da coragem? Fiquei imaginando o pensamento que aqueles olhos podiam revelar.

Como podemos imaginar o que não sabemos? Aquilo que não temos acesso, mas tão somente a capa exterior do sentimento na expressão do rosto? Não, eu não posso imaginar o que aquele soldado pensava, o que ele sentia. Meus próprios sentimentos eram confusos, mistura de medo com dever a cumprir, de coragem com humanitarismo, e sem estar diretamente envolvido, quanto mais não seriam confusos, contraditórios naquele soldado entre a vida e a morte? Mas, aqui estou novamente a tentar classificar o desconhecido, quando apenas trocamos um olhar passageiro, desviado para a ação militar. Ele, concentrado na movimentação do inimigo, eu, procurando abarcar todos os lances que envolviam as partes em luta.

Quando os tanques pareciam ter tomado posição, provocando entre os milicianos intensa troca de local para se protegerem e continuarem a batalha, um rastro de fogo acompanhado de intenso barulho saiu da sacada de um prédio à nossa frente e algo atingiu um dos tanques, explodindo-o. O blindado onipotente parecia agora uma panela velha queimando. Havia sido, sem dúvida, um foguete, e podíamos ver os milicianos apontarem o lança-foguete para o outro tanque. Em alguns segundos a perícia de ambos os lados foi testada, dando vantagem mais uma vez aos milicianos, que contaram com o apoio da surpresa.

Com a eliminação do segundo tanque, os milicianos pularam as barricadas e investiram contra o exército, não economizando munição e coragem. Aquela tropa de valentes ex-cidadãos em defesa da liberdade lembrava-me o povo nas ruas, decretando o fim da monarquia e implantando a revolução naquela França carcomida pelo absolutismo. Só que desta vez a história era outra, o tempo era outro, assim como os personagens. E havia a cobertura da mídia, que contava com o sangue frio dos profissionais que corriam atrás da notícia e da imagem que falasse por mil palavras.

Muitos tiros depois, ouvi meu nome ser chamado.

– Zoldan, Zoldan!

Olhei para os lados e descobri o tenente miliciano Andrei Krajcik atirando-se sobre mim. Rolei pelo chão e ouvi dois tiros que me ensurdeceram, de tão perto. Como não sabia o que estava acontecendo, aguardei alguns instantes, ouvindo então a mesma voz:

– Desculpe amigo, mas não podia deixar você ser morto.

Ainda deitado, olhei para ele, e devia estar tão assustado que Andrei, rindo, tratou logo de me esclarecer:

– Calma, era apenas um miserável soldado escondido, um franco-atirador. Tive de lhe derrubar, senão você seria o alvejado.

Eu estava agradecido, mas um tanto quanto descontrolado, olhando para Andrei, que se conservava agachado, de pistola na mão, aguardando não sei o quê. Será que depois de me jogar no chão ele não teria a gentileza de me ajudar a ficar em pé? Logo reconheci o ridículo desse pensamento a quem eu devia a vida e procurei me recompor, recolhendo o bloco de anotações e a caneta.

Observador, Andrei comentou:

– Vejo que sua mania de escrever somente com caneta continua. Nem mesmo o lápis que lhe dei de presente foi razão suficiente para mudar esse hábito.

— Como você está vendo, é um hábito — respondi com um sorriso nos lábios.
Estendi minha mão em gesto solidário que ele acompanhou.
— Volte daqui e aguarde as notícias, é melhor.
Com esse conselho, continuou sua marcha à frente, no comando de seus soldados.
Agora já sabia onde estavam os guardas nacionalistas que normalmente protegiam nosso *bunker*.
Desde minha chegada a Grancy havia feito amizade com o tenente Andrei Krajcik, destacado para dar proteção aos jornalistas estrangeiros. Ele não era um civil engajado na luta, mas um militar de careira que até pouco tempo fazia parte do exército hoje invasor. As ideias nacionalistas haviam-no deslocado de lado. Era um herói para a Terênia, mas um desertor e guerrilheiro para seus ex-comandantes.
Seguindo seu conselho, comecei a retornar, procurando por Saldy e Cusnan, dos quais havia me separado. Pude então observar a extensão da tragédia daquela batalha. Vários corpos estendiam-se no asfalto, enquanto uma espécie de rescaldo era feito pelos milicianos. Alguns tiros eram ouvidos e a expressão de vitória estava nos gestos que levantavam no ar as armas do inimigo. Presenciei algumas cenas repugnantes até localizar Cusnan, de expressão aborrecida, mãos nos bolsos, agigantando ainda mais sua barriga.
— O que foi, Cusnan, qual é o problema?
— Acabou a bateria da máquina, acabaram as fotos, esse é o problema.

– Tudo bem – enquanto dava tapinhas em suas largas costas –, não se aborreça, você fotografou o suficiente, o restante descreveremos por palavras.

Continuei a caminhar em direção a Saldy, que se localizara mais adiante, deixando Cusnan sozinho com seus costumeiros discursos recheados por palavrório impublicável. Jurei naquele momento que até o final da guerra ainda conseguiria corrigi-lo desse vício tão desagradável para os meus ouvidos.

– Então, Zoldan, foi lá na frente?

– Quase morri, o tenente Andrei me salvou de um franco-atirador.

– Por isso dizemos que este mundo é pequeno – comentou.

– Tem razão.

– Com esta vitória, fazendo correr essa tropa invasora, a situação fica mais sob controle – registrou Saldy.

– É verdade, só não sabemos até quando.

Cusnan aproximou-se, ainda de semblante carregado, furioso consigo mesmo, por não ter como carregar a bateria da máquina fotográfica. Ficamos a nos olhar, emudecidos.

Essa expectativa de quem não sabe o que dizer, o que fazer, é um ato filosófico de reconhecer a existência. É um momento mágico de difícil definição. Sabemos quem somos e o que estamos fazendo, ou pelo menos qual é o nosso dever, mas não sabemos se consolamos, se fazemos uma avaliação, se tomamos esta ou aquela decisão. Estamos parados, perplexos, ouvindo as batidas aceleradas do coração, aguardando pela calmaria, pelo relaxamento da alma. Um início angustiante, tão rápido quanto um pensamento que se desfaz ao contato com outro, é substituído por uma euforia controlada, prelúdio de um descansar, de um desligar dos acontecimentos.

É assim que me sinto. Quisera ficar por alguns minutos a mais neste estado de espírito e depois, com alívio, poder abraçar meus dois companheiros e dar por terminado nosso trabalho, cada um voltando à sua redação de origem, entretanto a realidade retornou fortemente, a me solicitar, e iniciamos a caminhada de volta ao *bunker*. Era preciso redigir, procurar um meio de remeter a matéria para o círculo exterior do cerco de Grancy. De que maneira? Quem sabe um escritor famoso que tenha enfrentado o exílio por alguma circunstância não tenha a receita? De preparo difícil, bem sei, mas pelo menos uma receita, pois nem isso tínhamos.

Na era tecnológica da informática, dos sinais de satélite, estávamos presos a uma máquina de datilografar portátil, um pequeno gerador de luz elétrica em seus últimos suspiros e sem carteiro para entregar a correspondência.

A cidade estava sob um cinturão militar opressivo que se fechava lentamente.

Nesse momento pensei nas crianças e lembrei-me de Anna Lukova.

É TARDE, VAMOS DORMIR

Tudo dói.
Dói o corpo, escoriado, cansado.
Dói a alma, desiludida.
Estou sentado, a matéria jornalística feita, aguardando o momento de fechar o envelope com as fotografias feitas por Cusnan. Decidimos, por falta de condições técnicas, remeter as fotos num *pen-drive*, um dos últimos, tudo dentro de um envelope lacrado.
O dia avançou célere e o final da tarde domina a paisagem lá fora. Um vento frio incomoda, gelando as paredes, descendo um véu de tristeza para esconder a tragédia humana.
A noite seria de expectativa.
Dois estafetas a soldo mercenário sairiam com a matéria jornalística aproveitando a escuridão para

escapar ao cerco, levando para o mundo a verdade dos acontecimentos.

Essas verdades chegariam a seu destino? E, publicadas, teriam alguma consequência? E os estafetas voltariam? Trariam não apenas notícias, mas o necessário para também sobrevivermos e trabalharmos?

– É incrível esta situação de prisão que estamos vivendo.

Com essas palavras, o experiente repórter inglês John Calbot deu início à nossa reunião de imprensa.

Com seus mais de cinquenta anos de idade e pelo menos trinta de cobertura jornalística pelo mundo, tendo enfrentado diversas guerras, ele havia sido eleito nosso líder, mantendo a união do grupo.

Calbot fumava muito, tinha os cabelos grisalhos penteados para trás e apresentava rugas espalhadas pelo rosto envelhecido por uma existência pouco amena, mas não era um inglês típico, desses que costumamos ver representados por caricaturas ou propaganda de televisão. Estava sempre vestido com calça jeans desbotada, camisa para fora, parecendo um artista plástico cheio de ideias. Esse era John Calbot, o homem da fala mansa, mas decidida. Conseguia harmonizar voz suave e melódica com atitudes enérgicas. Era a calma que impunha respeito.

Nosso grupo contava catorze pessoas. Com o cerco realizado pelo exército, havíamos ficado igualmente sitiados, como a população de Grancy. Pela condição de estrangeiros e profissionais da imprensa, tínhamos mantido contato para obter liberação, mas a resposta fora muito clara: quem estava dentro não saía, e quem estava fora não entrava.

A situação lembrava a Varsóvia da Segunda Grande Guerra. Mas era Grancy e a guerra nacional, localizada, contudo, com profundas consequências políticas e econômicas. Em nome das relações internacionais, pelo seu equilíbrio, a guerra estava oficialmente ignorada. Caso doméstico para solução entre quatro paredes.

Pouco a pouco retiraram os meios de comunicação. Não tínhamos outra fonte de energia a não ser pequeno gerador movido a óleo, e o óleo somente através de inúmeros artifícios. As linhas telefônicas foram interrompidas e o equipamento de transmissão via satélite confiscado. Não havia computadores, requisitados pelos milicianos, os celulares estavam sem bateria ou foram também confiscados, e já escasseavam o papel, a fita da máquina de escrever, o lápis, o *pen-drive*, que chegavam até nós exclusivamente através do contrabando.

Somente a corrupção moral através do dinheiro, que escasseava, conseguia abrir o cerco, mesmo assim apenas para o transporte clandestino de mercadorias.

Há duas semanas não temos certeza se nosso trabalho está alcançando o mundo exterior. Estamos cercados pelo silêncio.

Calbot continuou sua palavra:

– A queda de Grancy é visível aos nossos olhos. Os milicianos estão fazendo grandes esforços para manter as posições de defesa, mas a fragilidade é evidente, por isto precisamos nos manter unidos e prontos para uma negociação com o comando do general Rastov. Proponho que o nosso interlocutor seja o Zoldan. Todos de acordo?

Ele levantou a mão, seguido dos demais, e fui eleito o representante político. Corríamos o risco de sermos presos e esquecidos por conveniência, provocando a figura do desaparecido. Nossas informações podiam não ser consideradas irrelevantes. Era o risco a que estávamos expostos e do qual não tínhamos como fugir.

Após algumas considerações, encerramos a reunião, desligando o gerador por medida de economia. Um pequeno lampião ainda manteve a iluminação e a vigília dos que não estavam tão exaustos para se entregarem ao sono. Aproveitei para conversar com Calbot.

– Estamos em péssima situação, não é mesmo?

– É verdade, Zoldan, péssima.

– Você acredita que conseguiremos falar com o general Rastov?

Ele sorriu, enquanto lançava os pés sobre a mesa.

– Não conheço esse general, nunca tive a oportunidade de estar com ele, mas acredito que sua famosa linha dura não chegue ao extremo de nos desconsiderar.

– Entretanto – lembrei – se vamos conversar, precisamos de algo com que barganhar.

– E você, Zoldan, especialista em análises internacionais, sabe o quanto isso é importante.

– Sei, sim, mas não basta saber, temos de ter algo concreto.

– E temos.

– Temos?

– Nossas reportagens.

– Mas nem sabemos onde elas estão. Não sabemos se chegaram ao seu destino, se foram publicadas – argumentei.
– Pois é isso, Zoldan. Pense bem. Não temos certeza, motivo pelo qual podemos negociar. Quando formos presos, se isso acontecer, nosso trunfo serão as matérias jornalísticas que não estarão conosco, mas em trânsito. Se ele nos prender, terá de dar contas do nosso paradeiro, e explicar as denúncias contidas nos relatos, fotos e depoimentos.
– Um diálogo baseado em suposições.
– E não é esse o jogo que o bom político sabe fazer?
Deixando de lado aquela irreverência do artista e se ajeitando na cadeira, Calbot inclinou-se para mim e, bem ao modo inglês, sussurrou:
– A vida, meu caro, é um jogo político.
Procuramos nossos colchões, pois nada mais havia a ser dito.
Mergulhei em mil pensamentos, sem conseguir conciliar o sono.
Desta vez estava fora do gabinete de redação, onde confortavelmente escrevia sobre problemas internacionais. Agora vivenciava diretamente um deles. É a minha primeira vez, e concluo que nenhum dos mil pensamentos me parecem ser o melhor para transformar o analista em verdadeiro político. Não fui preparado para essa função, não a escolhi e também não posso recusar. É estar sem ser. Aprender no exercício direto.
Tentei me acomodar o melhor possível. O corpo no colchonete e a alma em nova função.

Não foi fácil, diante da constatação que a falta de água provocava o meu terceiro dia sem um banho decente.
Não dizem que a Terra é um verdadeiro planeta água? Que a água é necessária para o organismo humano? Que adianta pensar nessas coisas agora?
É melhor dormir e sonhar. É o que posso fazer.
Com a semiescuridão do ambiente e o cansaço das tensões daquele dia, adormeci rapidamente... e sonhei. Um sonho onírico, ideal, misto de realidade e desejos, num clamor por algo mais do que a realidade fria e miserável que estava experimentando. Sonhei e voei, como se minha alma, se é que ela existe, pairasse acima de todas as sensações físicas, mas um voo sem asas, um deslocamento sem que pudesse localizar a maneira como acontecia, mas com uma certeza: alguém estava comigo.
Vi-me, de repente, em local iluminado suavemente, uma espécie de salão não muito grande, mas do qual pouca coisa distinguia. Um homem, semblante calmo, sereno, em pé, olhava-me. Sentia-me confuso, sem saber onde estava e quem ele era. Ele sorriu e dirigiu-me a palavra:
– Não te preocupes, tudo será esclarecido no seu devido tempo. Acredite, nada está perdido e nada acontece sem a permissão de Deus.
A menção sobre Deus me fez estremecer. Estaria numa igreja ouvindo um sacerdote? E o que estaria fazendo naquele ambiente, eu que nem religioso era, e ainda mais para ouvir falar de um ser em que não acreditava?
– Não acreditas nele, mas isso não tem maior impor-

tância, pois ele acredita em ti, e dia virá em que tu entregarás a vida a ele.

Como? Eu não entendia o que se passava. Então aquele homem havia penetrado meu pensamento? Que mágica era aquela? Atordoado, sem compreender a situação, continuei apenas ouvindo.

– Este encontro é breve. Há tempos venho te auxiliando, mas somente agora deixaste o coração ser tocado pela realidade da vida humana, sensibilizando as fibras mais profundas de tua alma. É natural estares confuso, com sentimentos díspares, mas em breve tudo começará a ter resposta. Quando acordares, lembra-te que somente o amor pode nos conduzir a condições melhores de vida, e com ele é que podemos remover as montanhas erigidas pelo egoísmo e pela indiferença.

Mal terminou de falar e sua figura se esvaneceu à minha frente.

Não sei se algo mais aconteceu, é o que recordo. Como é estranho ouvir falar sobre Deus e o amor. Por que isso aconteceu comigo?

UM NOVO SENTIMENTO

Acordei às seis da manhã – incrível, mas a bateria do meu relógio ainda funciona – com a artilharia despejando sobre a cidade uma chuva de bombas, anunciando o exército do general Rastov pronto para mais uma investida. Uma explosão mais próxima fez tremer as paredes do porão transformado em refúgio, e todos acordaram.

– Será que esse general não me deixa sequer dormir em paz? – gritou Cusnan, sentado ao colchão.

– É melhor você o abençoar por ter feito funcionar o serviço despertador.

Era Calbot, encostado à parede, fumando tranquilamente.

– Como você pode ficar nessa calma quando esse general está mandando sobre nós sua artilharia? Esse general... – e Cusnan voltou a usar seus palavrões, para meu desgosto.

Antes que Calbot respondesse, resolvi interferir na conversa, incomodado com o palavrório inútil e desconfortável, pelo menos para mim, de Cusnan.

– Harry, será que pelo menos uma vez na vida você pode falar sem usar esses palavrões?

– E o que eles têm de mais? – respondeu de semblante alterado.

– Você quer dizer o que eles têm de menos, porque eles não têm conteúdo que preste e fazem me sentir mal.

– Sem essa, Zoldan, o que faz mal é hambúrguer mal passado.

Todos riram do trocadilho de Cusnan, e a conversa terminou sem ao menos ter sido desenvolvida. Já esperava por isso. Sempre que seus interesses estavam ameaçados ou contrariados, Cusnan fugia do assunto com expressões bem humoradas, isso quando não mostrava seu lado bonachão de americano tipicamente *fast-food* e televisivo.

– Está certo, Cusnan, nossa conversa fica para outra ocasião – terminei.

A única água que possuíamos estava dividida. Uma parte num tonel para nossas necessidades de higiene. A outra parte ocupava algumas garrafas para saciar a sede. Ambas racionalmente controladas, tendo cada um seu próprio copo ou caneca. Era possível que ainda durasse um ou dois dias mais. E depois? O caos na cidade era tão grande que dificilmente encontraríamos água e comida com facilidade. O sucateamento do hotel havia

dado tudo o que podia. Agora, dispensa e cozinha estavam vazias.
Pensei nas crianças mantidas por Anna e Tânia. Como estariam? A artilharia... Não, é melhor não pensar mais. Pensamentos negativos atraem acontecimentos negativos, como afirmava minha mãe.
Propus a Saldy e Cusnan voltarmos a procurar as crianças e suas duas professoras. Saldy olhou-me com certa reprovação, enquanto Cusnan deixava transparecer um ar de indiferença.
– Você deve estar louco. Como vamos sair com esse tiroteio lá fora? – indagou-me Saldy, querendo desencorajar-me.
– Esperamos a artilharia cessar, e então poderemos sair – respondi.
– Mesmo assim, Zoldan, é muito arriscado – voltou a argumentar.
– E nossa função não inclui assumir riscos? – retruquei, na tentativa de convencê-lo.
A verdade é que estava determinado a sair, mas não possuía coragem suficiente de empreender sozinho essa determinação, o que me motivava a tentar convencê-los a me acompanharem. O medo é como um vírus instalado no organismo, do qual começamos a sentir os efeitos, mas como não é visível aos olhos alheios, disfarçamos, aparentando boa saúde e tranquilidade. Vestimos, então, a capa da coragem, transmudados em super-heróis, mas fazemos questão de estarmos acompanhados, não para que registrem nossos feitos, mas para que nos amparem na hora do medo, ou, o que é pior, na hora que

nos acovardarmos, de tal maneira a entregarmos nossa fragilidade à exposição pública.

Saldy não era pessoa fácil de ser convencida, e contra-argumentou:

– Assumimos riscos, sim, mas calculados.

– É o que estou propondo, meu amigo, um risco calculado. Só vamos sair depois que a artilharia cessar seu ataque.

Saldy, mesmo assim, ainda continuava relutante.

– Não sei... E você, Cusnan, que me diz?

Quem pudesse olhar a cena pelo lado de fora, espectador em plateia de cinema, estabeleceria sem dificuldade dois tipos humanos indisfarçáveis na sua diversidade. Regian Saldy tinha o jeito clássico do europeu no vestir, falar e na gesticulação. Mais sério e introvertido, nada tinha de comparável a Harry Cusnan, que nos observava mascando chiclete – na verdade, à falta de um, usava pedacinhos de madeira –, mãos no bolso da calça jeans, ar de pouco interesse, cabelos desalinhados e, como um bom gordo de cem quilos, pois que não o tratávamos como obeso, camisa xadrez saindo pelos lados. Era mesmo um americano típico.

– Se a notícia está lá fora, é lá que devemos estar – respondeu, sem cruzar seu olhar com o nosso.

Essa resposta de Cusnan surpreendeu-me pelo seu profundo sentido. Um repórter longe do acontecimento que gera a notícia é como um artista distante do público que o aprecia. O contato com o público é mesmo imprescindível, sob pena de se realizar um trabalho desconectado da realidade, sem o alcance de seu objetivo.

Estas considerações levam-me a rever o trabalho que produzi nos últimos anos, fazendo análises impessoais, de quem está olhando pelo lado de fora, nem mesmo pela janela, ou pela tela do computador. As ruas nunca foram meu mundo, nunca fizeram parte do meu cotidiano. De casa para a redação, da redação para o restaurante, do restaurante para casa. Passeios? Apenas culturais. O mundo? Pela tela da televisão, pela leitura do jornal, pela internet, ou mesmo pelo rádio. Sempre fui arredio a viagens, principalmente as internacionais, especializando-me em fazer análises de acontecimentos mundiais sem quase nunca ter saído do escritório residencial ou da empresa. Apenas um padrão moderno, facilitado pela tecnologia? Em parte, sim, mas também o cômodo apagar dos sentimentos para uso da razão fria, calculada, garantindo a crônica correta, ajustada aos padrões que fazem o sucesso. Sou um jornalista politicamente correto, eis tudo.

Não, essa consciência mais aguçada, acusatória, não para nessas considerações de ordem profissional. Diante do quadro real da guerra e do menor valor da vida humana, colocada em risco minuto a minuto, dou-me conta de que minha vida pessoal pouco tem de encantadora. Meus relacionamentos são superficiais. Pensando bem, mal conheço os moradores do edifício em que está meu apartamento. Quem são meus vizinhos?

Minha reflexão durou o tempo exato em que eu e Cusnan ficamos olhando para Saldy, aguardando sua resposta. Ele, pensativo, passou a mão pelos cabelos e, depois de ficar com a cabeça baixa, olhar fixo

no chão, encarou-nos, colocando um sorriso nos lábios, decidindo:
— Está certo, sairemos depois que a artilharia cessar.

Comunicamos nossa intenção a Calbot, que a passou para o grupo. Todos estavam abatidos e sem disposição para mais uma aventura, além do que faltavam recursos técnicos para a ação jornalística. Meus companheiros sentiam a proximidade do fim e queriam aguardar o evoluir dos acontecimentos sem correr riscos. Ficou decidido que sairíamos em nome de todos, fazendo uma espécie de reconhecimento da situação externa. Acabávamos de receber a escalação para a equipe de reportagem.

Subimos as escadas de acesso ao saguão do hotel Glinka e deparamo-nos com a portaria semidestruída, provavelmente por um morteiro ou míssil, talvez aquele que estremecera as paredes do nosso *bunker*. O silêncio dominava a paisagem. Os canhões haviam silenciado. O tapete vermelho que levava até o balcão da recepção estava salpicado de estilhaços de vidro, pedaços de cimento e tijolos. Resolvemos subir ao primeiro andar para conseguir uma visão panorâmica. A escada, bastante larga, com piso de mármore, apresentava um tapete aveludado em tom pastel, uma característica do hotel Glinka.

Entramos no escritório da administração e fomos até a janela. Reparei que as mesas estavam semivazias e eram feitas de madeira maciça, nobre, provavelmente do início do século vinte ou anterior.

Pela janela observamos ao longe grossos rolos de fumaça.
— Meu Deus! O que será que eles atingiram?

— Não sei, uma fábrica ou algum depósito — respondi. Que outra resposta poderia fornecer a Cusnan?

A praça Tchaikovsky estava mais destruída, e até mesmo um pequeno prédio que resistia heroicamente havia sido derrubado.

Saldy tomou da palavra, com a voz emocionada:

— É um verdadeiro milagre estarmos vivos e o hotel não ter sido derrubado.

A orquestração do general Rastov fora de uma competência devastadora. Os acordes destoantes de sua artilharia atingiram indiscriminadamente, sem trégua, madrugada adentro, toda a cidade. Procuramos pelos guardas nacionalistas e, até onde podíamos divisar, nenhum sinal dava conta do paradeiro deles.

De súbito, um alarme tocou em minha consciência e, como uma equipe de emergência, corremos para a rua, tomando a direção da rua Balakirev. Sim, as crianças, as professoras Anna e Tânia, como estariam? Esquecemos os perigos e entramos pela avenida Shostakovich em carreira desenfreada.

Demos de encontro com alguns soldados, provocando enorme confusão. Alguns tiros foram disparados, enquanto eu me jogava no chão, procurando me proteger, ficando por rápidos segundos totalmente desnorteado, até ouvir uma voz conhecida:

— Parem, parem! São jornalistas, cessar fogo!

Estava lívido, suando frio. À minha frente um soldado de fuzil em punho apontava para Saldy.

— Que loucura é esta, Zoldan? O que você está fazendo aqui?

De pé, empunhando uma metralhadora, o tenente Andrei Krajcik não esperou minha resposta. Puxou-me com força pelo casaco, colocando-me de pé, dando-me ordem ríspida:
– Volte imediatamente ao abrigo!
– Não posso – balbuciei.
– Como não pode! Nós quase os matamos! Não há ninguém nas ruas a não ser soldados em luta, e você diz que não pode obedecer ordens?
Nunca vira o tenente assim transtornado. Logo ponderei que a situação da guarda nacionalista estava crítica, e falei aquilo que me pareceu mais lógico no momento:
– Somos jornalistas.
Andrei pareceu se controlar e soltou meu casaco. Ele estava furioso, mas tinha uma missão mais urgente e importante a cumprir do que discutir comigo:
– Que seja, mas tenham cuidado. A cidade está sendo invadida de vários pontos e a situação está sem controle – e depois de um respirar profundo, selou nossa conversa:
– Boa sorte!
Sem me dar tempo para mais uma palavra assumiu o comando e desapareceu com seus soldados por outra rua.
Ficamos parados, respiração ofegante, colocando os pensamentos no lugar e dominando as emoções. Daí em diante caminhamos com mais cautela, devagar, até chegarmos ao quarteirão que nos interessava na rua Balakirev. A cidade estava deserta, ouvindo-se tiros de vez

em quando, ainda distantes. Imediatamente procurei visualizar a casa-orfanato e fiquei imensamente aliviado quando a vi em pé, sem nenhum sinal de destruição.
– Graças a Deus! – exclamei.
Deus? Qual o significado dessa palavra pronunciada por meus lábios? Que sentimento fora esse a se traduzir por essa expressão? Quando houvera pensado, mais profundamente, sobre a existência desse ser? E por que agradecia a ele? Não deveria agradecer à péssima logística de Rastov, ao seu comando desvairado e não certeiro? Acaso Deus houvera desviado algum morteiro de seu alvo? E o acaso existiria? Quantas perguntas sem respostas! Os sentimentos pareciam vivos, aguçando minha sensibilidade e, até chegarmos ao prédio, os pensamentos se cruzaram inúmeras vezes sem nenhuma harmonia, igual a uma orquestra sem regente.
Lembrei mais uma vez da figura de minha mãe, desta vez voltando do culto religioso na igreja, e suas palavras de encorajamento da fé, tentando ensinar-me algo de sua crença:
– Filho, lembra quando em criança você me acompanhava à igreja?
– Lembro, minha mãe.
– E quando você optou por um caminho alheio à religião, como eu respeitei sua decisão?
– Sim, mãe, a senhora nunca tentou me convencer do contrário.
– É verdade, mas também é verdadeiro que nunca deixei de conversar com você a respeito da religião e da fé, não é mesmo?

– É sim. Aonde a senhora quer chegar?
– Hoje você está formado e exerce sua profissão. Um dia vai perceber o quanto é importante acreditar em algo mais do que o simples viver. Quando esse dia chegar, lembre-se dos meus exemplos de fé, das nossas conversas, e pondere se o meu sentimento religioso não é mais lógico e racional do que a sua crença em nada. Quando as circunstâncias são adversas é que percebemos as nossas fragilidades, e o quanto é bom termos a certeza de alguém maior velando por nós.

Na época apenas registrei mais essa conversa com minha mãe. Algum tempo depois ela morreu. Senti-me frágil. Era o último parente mais próximo com quem partilhava meus desejos, minhas angústias, enfim, meus sentimentos, entretanto, superei a saudade e a solidão com o trabalho, e assim a vida continuou. Eu tinha um bom emprego, uma casa própria, um carro, amigos, vivia numa sociedade bem organizada, sem maiores problemas, o que facilitava a readaptação. Não senti falta de uma crença religiosa. Talvez minha mãe estivesse errada.

Agora durmo num colchão colado ao chão duro de cimento. Tenho um emprego, mas não vejo a cor do salário. Ando a pé entre destroços, e corro risco de vida a todo momento. Não sei como é tomar um banho completo há dias; vejo pessoas morrerem à minha frente, e choro um pouco mais a cada dia que passa. Tenho amigos, não sei até quando, talvez até a próxima esquina. Consigo agora me concentrar num único pensamento: como estou frágil!

– Rápido, para dentro!

Não sei dizer quem foi o primeiro a entrar e nem quem anunciou nossa chegada, mas era evidente a preocupação de Tânia ao nos introduzir o mais rapidamente possível no porão.

Ela nos abraçou, comovida:

– Vocês estão bem? – perguntou.

Na medida do possível, sim, estávamos bem, pelo menos fisicamente. Emocionalmente não poderia falar nem por mim, nem pelos meus colegas, mas se não estávamos moralmente feridos, estávamos abalados, com toda certeza.

As crianças deixavam transparecer através de seus semblantes uma terrível angústia, um terror pálido causado pela expectativa da vida acabar numa explosão, em plena noite, sem ao menos receberem um aviso prévio, e caso isso acontecesse, morreriam sem saber o motivo, eram apenas crianças sonhando em crescer e entender a vida. As abraçamos, procurando transmitir coragem e esperança... que eu já não sabia se tinha.

Esse contato deixou-me renovado. Essa esperança que transmitíamos era também o que recebíamos delas. Pela primeira vez me ocorreu que talvez o jornalismo para mim não fizesse mais sentido, pelo menos não o que vinha exercendo. Ele deveria ser substituído pela solidariedade humana, pela atitude de salvaguardar aquelas vidas inocentes, futuros homens e mulheres, se sobrevivessem. Crianças que, superados os traumas, poderiam no futuro corrigir os rumos da sociedade. E quem daria proteção? Nós, naturalmente. Eu, Saldy e

Cusnan. Mas nada disse aos meus companheiros, alimentando essa ideia apenas no íntimo, resolvido a esperar o melhor momento para conversarmos.

Anna apareceu, em pé, apoiando-se na parede do quarto. Somente dois lampiões iluminavam o ambiente e não pude observar o quanto ainda estava abatida. Deixei as crianças e fiquei à sua frente, observando-a.

– Ainda bem que você voltou – disse-me.

– Não poderia deixá-la... e nem as crianças.

Ajudei-a sentar-se à beira de uma cama e logo todas as crianças a rodearam. Isso lhe fez muito bem, porque os afagos fizeram um sorriso corar suas faces. Dirigiu-me um olhar de gratidão e ternura que me invadiu o íntimo.

O coração não fala, não conversa, não traduz em palavras suas batidas descompassadas, mas sente e transmite esse sentir de algum modo. Eu sabia que ele estava me transmitindo um recado, mas qual?

Também sorri, corado pela timidez.

EU TAMBÉM JÁ FUI CRIANÇA

Minha infância traz-me belas recordações. Meus pais muito me amaram e procuraram dar-me o necessário para uma vida recheada de prazeres. Tive os brinquedos que sonhei, embora sem nenhum exagero; estudei em bons colégios; ganhava as roupas necessárias e até da moda; e o ambiente doméstico sempre fora bom, honesto e amável. Meu pai trabalhou a existência toda no comércio, garantindo o sustento financeiro do lar, e minha mãe, além de cuidar da casa, dava aulas particulares. Foi uma boa professora, embora não tivesse se dedicado ao magistério numa escola.

Passeávamos nos fins de semana e frequentei a igreja durante muito tempo, aos domingos. Apesar dessa frequência, nunca me impuseram a religião, tanto que depois, adolescente, decidi pelo meu rumo na vida e eles aceitaram, mantendo apenas os bons conselhos através de diálogos nas mais diversas oportunidades. Aliás, essa característica sempre marcou o relacionamento de meus pais comigo, o que nem sempre acontece em outros lares.

Não desejo ficar recordando cenas da infância, mas sim de uma leitura que fiz, não lembro quando, de um texto escrito por um psicólogo, do qual guardei apenas a essência do conteúdo, e que tem tudo a ver com o que me acontece agora.

Basicamente ele dizia que nossa vida seria bem melhor se, nos nossos relacionamentos, recordássemos que já fomos crianças, que já tivemos uma infância, e que o fato de estarmos adultos não apaga as recordações, as experiências, os sentimentos que tivemos na infância. Alertava para os cuidados que devemos ter para com as crianças, principalmente os filhos, pedindo que nos colocássemos no lugar delas, recordando a nós mesmos nessa idade.

É o que estou fazendo neste momento, comparando:

Minha infância feliz, diante de tantas marcadas pela guerra.

O amparo bem próximo de meus pais, e agora frente a crianças que até mesmo assistiram a morte dos seus.

O aconchego de um lar, contrastando à realidade de meninos e meninas vivendo num orfanato improvisado.

Como seria minha vida se a infância tivesse sido diferente?

Responder a esta pergunta significa respondê-la para cada uma destas crianças que estão à minha volta, e que representam tudo o que não fui, tudo o que não tive. Não sei como responder. Nem mesmo sei qual o futuro político deste país nos próximos meses ou anos, quanto mais o destino destes meninos e meninas marcados pelo sofrimento. Quando decidimos pela reportagem, Cusnan nos recordou a existência da Declaração dos Direitos da Criança, o que me parece agora um documento tão distante de ser praticado, quanto o é também a Declaração Universal dos Direitos do Homem. Sem dúvida, são documentos importantes, fiéis da balança existencial do ser humano, verdadeiros parâmetros do que deve ser, contudo, a realidade é bem outra, pois é a realidade dos não-direitos, do desrespeito à cidadania, da vigência dos instintos cruéis que ainda marcam o homem sobre a face da Terra. Não há lei que seja respeitada num momento de conflito, onde cada lado defende sua posição, seu ideal, sua convicção do melhor modo possível, sem pudor, sem regra estabelecida. É nessas horas que o observador sente quanto é frágil um documento, quanto é politizada a ação internacional, movida também por interesses que desrespeitam conferências e tratados.

Eu já fui criança e exercito este colocar-me no lugar delas, para sentir na pele e no coração o drama pelo qual estão passando, e sinto um terrível mal-estar, um medo devorador, uma insegurança quanto ao amanhã.

Não posso sair à rua para brincar.
Não tenho escola para estudar.
Não recebo o carinho de meus pais.
Não tenho um lar.

Não posso dormir tranquilo.
Não posso sonhar bons sonhos.
Meus pais, onde estarão? Terei, um dia, um lar? Até quando tenho que fugir das bombas que caem do céu? Meu sono é recheado de pesadelos, clichês angustiantes de destruição, morte e sofrimento...

Tudo tão diferente da minha verdadeira infância, que não posso avaliar que homens e mulheres estas crianças serão.

E recordar que a história humana se repete, que estou assistindo ao que já aconteceu, em outros séculos, em outras circunstâncias, e até em data mais recente, em outros países. De repente, na ebulição dos acontecimentos político-econômicos e sociais, eclode uma guerra, e todas as leis e todos os direitos são esquecidos, e milhares de crianças emudecem no choro silencioso da perda de identidade, do prazer de viver.

Tudo isto é muito triste.
Choram as crianças.
Deviam chorar os adultos, que já foram crianças.

Mas qual, os adultos engaiolam-se no egoísmo, na hipocrisia e na indiferença, comovendo-se rapidamente com o noticiário ou com uma imagem, e depois vivendo só para si mesmos, para seus afazeres e prazeres, colocando as responsabilidades em ombros alheios. Fazem discursos, e como fazem, mas não se movimentam ao encontro do outro, não possuem interesse na justiça social, na erradicação da miséria, na edificação da paz. Essas coisas contrariam interesses políticos e econômicos que em essência desprezam a educação da criança, dando-lhe apenas a instrução necessária para sobreviver de algum modo, mantendo-a, quando adulta, amarrada a preconceitos raciais os mais diversos e díspares. Triste constatar tudo isso numa época em que a tecnologia e a comunicação de massa caracterizam nossa sociedade, mas em que predomina ainda o orgulho, a vaidade, o interesse egoísta.

Tenho impulso em clamar aos céus, mas o que isso realmente significa? Terá alguma validade o clamor de um ateu dirigido a uma suposta potência espiritual?

Um ardor diferente em meu rosto denuncia o escorrer de uma lágrima, e eu exclamo do fundo de minha alma: o que é isso, Peter Zoldan, o que está acontecendo com você?

A DECISÃO

Anna permaneceu sentada sobre a cama, no aconchego das crianças, parecendo-me estar diante de um quadro artístico, não de um pintor impressionista, talvez mesmo de um pintor sem nome nem escola, mas seguramente um belo retrato de uma professora quase mãe rodeada pelos seus alunos quase filhos.

Senti-me acima das circunstâncias, subitamente envolvido por aquela cena, como se fosse o próprio artista em contemplação muda, extasiado e comovido diante da singeleza e do profundo significado do momento, escolhido para imortalizar o quadro vivo da consciência humana. Eu não tinha uma tela, pincéis e tinta, nem mesmo uma câmera fotográfica, mas possuía os olhos e o coração.

Fiz um sinal para Cusnan e Saldy, e nos afastamos para um canto.

– O que é, Zoldan?

Saldy estava curioso, procurando entender o porquê

desse encontro à distância.

Eu estava decidido a fazer algo por elas, e contava com que meus amigos se dispusessem igualmente a ajudá-las, e essa decisão deveria sair neste momento.

– Estive pensando e creio que não podemos deixá-las aqui, sem nenhum amparo.

– Como assim? – perguntou Saldy.

– Não sei muito bem, mas não podemos abandoná-las à própria sorte, à mercê do exército que já ganha as ruas. Talvez possamos protegê-las como nossa imunidade de jornalistas internacionais.

– Essa não, Zoldan, se eu tivesse vocação para super-herói estaria nas telas do cinema! – falou Cusnan, contrariado.

Saldy, no seu estilo sóbrio e firme, começou a desfilar seus argumentos contrários à ideia.

– Que imunidade? Quem disse que seremos respeitados? E como vamos ampará-las, se mal temos como nos sustentar? Além do mais, a lei será a do vencedor e somos estrangeiros. Vão nos prender ou expulsar assim que nos virem, pois jornalistas não serão nem um pouco bem-vindos, face à tirania bem conhecida do general Rastov.

– É isso mesmo! – reforçou Cusnan – Sua ideia de proteção é uma loucura!

Quando somos defrontados por uma situação que exige risco, que nos irá tirar do lugar comum, da cômoda posição individual em que nos situamos, nossa primeira reação é de registrar tudo que nos impede de aceitar a nova condição. Temos razões, motivos e argumentos de sobra para explicar porque não podemos ajudar, mesmo sabendo que essa ajuda pode significar a vida ou a morte de nosso semelhante. Um instinto secreto e egoísta se revela, e consideramos que a nossa vida é mais importante de ser conservada do que a vida do outro. Nada há de estranho nesse comportamento, é apenas o uso do princípio de conservação individual de que somos dotados, dirão os entendidos, entretanto, mesmo quando sabemos que somos aqueles que podemos ajudar, que podemos fazer algo? Neste caso, não estaremos ultrapassando o terreno da conservação e invadindo a área do egoísmo?

Fixei meu olhar em Saldy e, como velhos amigos, fui direto ao assunto:

– Eu sei das suas preocupações, Saldy, mas não creio ser justo pensarmos em nós, no que pode nos acontecer, quando somos homens, pessoas adultas, com uma profissão que, de certa forma, nos protege, diante dessas duas professoras e essas crianças que não têm como se protegerem daqui em diante. Você gostaria que seus filhos, numa situação semelhante, fossem abandonados por quem poderia ter oferecido proteção?

– Mas não se trata disso – ele contra-argumentou.

– Não, realmente não é esse o caso, mas, e se fosse? Coloque-se no lugar dessas duas professoras. Você não percebe que somos, para elas, uma esperança?

Afastando seu costumeiro desinteresse por sentimentos mais profundos, pelo menos era o que deixara transparecer nesses meses de trabalho conjunto, Cusnan utilizou o silêncio estabelecido pelo cismar de Saldy para intervir novamente na conversa.

– Bem, se vamos ou não fazer alguma coisa por elas é bom decidirmos rápido, porque os tiros continuam lá fora e não podemos ficar aqui, parados, numa discussão sem término. Embora eu não seja herói de cinema ou de quadrinhos, sou de opinião que essas crianças, depois do que falamos na reportagem, não podem ser esquecidas.

Com sinceridade, pensei que era outro homem que estava ao meu lado dizendo essas palavras, mas era mesmo o Harry Cusnan, o fotógrafo que apenas registrava os fatos, como ele costumava dizer.

Como Saldy continuava em silêncio, procurei apoiar o pensamento de Cusnan.

– Também concordo que não podemos esquecê-las. Considerá-las simplesmente como objeto de uma reportagem é faltar com o sentimento de humanidade. Então, o que você nos diz?

Sabia que estava colocando Saldy numa posição incômoda, usando agora não apenas minha opinião, mas também a palavra de Cusnan, entretanto, era o modo mais rápido de provocar uma definição de seu pensamento.

Alguns segundos passaram antes que ele nos respondesse, e pude ver a apreensão de Anna e sua amiga Tânia, que nos observavam com vivo interesse, embora procurando disfarçar através dos cuidados que dispensavam às crianças. Não poderíamos continuar a conversação por muito mais tempo.

Finalmente, Saldy saiu do seu mutismo e opinou:

– Zoldan, sempre trabalhamos juntos, e aqui na Terênia fizemos parceria com você, Cusnan, e me parece que como equipe temos funcionado bem. Pode até ser loucura o que vamos fazer, mas tenho de concordar que deixá-las aqui é desumano. Afinal, eu quase fui morto há pouco, e esse risco não foi por nada.

– Muito bem, meus amigos, agora é planejar o que vamos fazer.

Eu estava muito feliz por ter conseguido o apoio de Saldy e Cusnan, e por verificar que seus sentimentos conseguiam admitir o socorro não apenas a eles próprios, mas igualmente aos outros.

– Agora é que o problema: o que vamos fazer?

Não pude responder a Cusnan, porque Tânia se aproximou e tomou a palavra:

– Qual é o problema?

Se ele fosse matemático seria menos difícil resolver, mas a solução seria encontrada, tinha certeza, e foi com essa esperança que respondi.

– Resolvemos colocarmo-nos à disposição de vocês para salvaguarda dessas crianças. Vamos utilizar nosso escudo protetor de jornalistas para que vocês possam ter um destino digno. Só não sabemos, ainda, como fazer isso.

Os olhos de Tânia ficaram nublados pelas lágrimas. Abraçou-me, comovida, e, com dificuldade na voz embargada pela emoção, anunciou nossa decisão para todas as crianças, que até então não sabiam o que estava acontecendo, pois nosso diálogo havia ocorrido em voz baixa. Elas exultaram de felicidade e vieram nos abraçar como se fossemos da família, ou melhor, como se fossemos super-heróis.

Foi então que, aos poucos, aproximei-me de Anna. Agachei-me e pude ver que uma lágrima descia por sua face. Envolvemo-nos num abraço sem palavras, e senti uma grande alegria, um bem-estar que não tenho palavras para traduzir.

Foi um momento muito especial em minha vida, quando percebi um novo sentimento aflorar, fazendo com que eu não estivesse apenas comigo mesmo, mas com os outros, com alguém em especial. Havia conseguido expandir a visão jornalística sobre a vida! Reconhecia agora que o trabalho jornalístico não impedia a construção de textos que mostram a condição humana do indivíduo que retrata a sociedade à sua volta.

Aquele porão semi-iluminado, um pouco úmido, com alguns colchões pelo chão e camas beliche, abrigando mais de vinte crianças, representava uma razão de viver para mim, como se fosse o final de um ciclo reflexivo depois de dois meses tendo o íntimo sacudido pelas cenas de guerra. Mas, seria mesmo o final de um ciclo? E, se fosse, qual o ciclo que estaria tendo início em minha vida?

Meu rosto estava colado ao de Anna. Nossas faces se tocavam e podia sentir suas lágrimas em mim. Dei-lhe meu lenço amarrotado e fiquei com o olhar fixo em suas feições. Ela possuía olhos castanhos, expressivos, num rosto pequeno, um pouco magro devido ao abatimento físico, olhos que combinavam com o delicado nariz e a boca que, apesar da conturbação reinante, conservava nos lábios um batom em cor suave, combinando com sua pele branca como neve. O cabelo, agora tinha certeza, era ruivo, caindo junto aos ombros. Meu pensamento encontrava palavras e mais palavras e as descartava de imediato, procurando o que melhor dizer-lhe. Uma vibração estranha tomava conta de mim, a qual tomei como fruto da emoção, e foi assim que me coloquei de pé, sem jeito, embaraçado. Estava fazendo tudo pelas crianças, mas seria, talvez, por Anna? Não, pensei, tenho minha vida e agora uma missão, e não posso deixar-me envolver pela juventude dessa moça. Embora não retrocedendo nem mais que um passo, criei uma barreira imaginária, uma espécie de linha divisória entre eu e Anna, a qual não deveria ultrapassar.

Talvez percebendo que meus sentimentos estavam por demais aflorados, o que representava um perigo para a razão, Saldy tomou da palavra e opinou que deveríamos levá-las para nosso *bunker* onde, junto a todos os jornalistas, a garantia seria maior. Entretanto, para isso precisávamos fazer um reconhecimento do terreno, saber como estavam as ruas.

A ideia foi aprovada e concluímos que eu e Saldy faríamos o reconhecimento, cabendo a Cusnan proteger as professoras e as crianças.

Saímos tomando o cuidado de imediatamente fechar a porta e, por alguns instantes, colocamos a cabeça ao nível da rua para identificar a possibilidade de caminharmos sem maiores problemas. A rua estava deserta, o que nos animou a subir a pequena escada e iniciamos o trabalho. Saldy propôs que fizéssemos um caminho que evitasse a avenida Shostakovich – um sábio conselho – e entramos na primeira rua à esquerda. Saímos e, quando na esquina, por força do hábito procurei a placa e, para meu alívio, lá estava ela: rua Gogol,[13] sem dúvida uma homenagem municipal a esse valoroso escritor. Havia uma pequena praça logo adiante, uma ilha verde cortando a rua, e uma senhora pegando alguma coisa no gramado.

– Veja, Zoldan, ela está comendo a grama!
– Como?

Prestei atenção e vi aquela senhora mastigando algo. Aproximamo-nos e, quando ela nos percebeu, assustada, quis fugir. Saldy a segurou pelo braço e perguntou:

– A senhora está com fome?

Ainda assustada, fez que sim com a cabeça.

Coloquei as mãos nos bolsos e tirei uma barra de chocolate e alguns comprimidos de vitamina, tudo o que me restava como alimentação para o dia. Saldy lhe ofertou uma pequena garrafa de água que trazia no bolso do casaco. Era tudo o que tínhamos. Com algum espanto, a senhora recolheu nossa oferta e desapareceu por um pequeno portão, provável acesso a alguma vila de casas.

– Saldy, a população está passando fome – observei.

Depois de dois meses de luta, bombardeios e cerco, o colapso no abastecimento era inevitável. Nós mesmos estávamos com a alimentação racionada há algum tempo.

Meu comentário retratava fielmente a realidade. Não era preciso ser um especialista no assunto para saber que pelo menos uma boa parcela da população de Grancy

---

[13] Nikolai Vassilievitch Gogol (1809-1852) é considerado o introdutor do realismo na literatura russa, tendo enorme talento para abordar de forma cômica a sociedade russa. Escreveu novelas, romances e peças teatrais.

estava enfrentando a fome.

Olhei para meus pés sobre a grama rala e queimada e imaginei que estava pisando num precioso alimento.

Continuamos nossa caminhada por ruas alternativas, ouvindo tiros, até chegarmos à rua Dvorák,[14] que deságua na praça Tchaikovsky. O cenário era de destruição completa. Apenas o início da rua conservava este e aquele edifício em pé, confundindo-se o restante com a própria praça, onde podíamos avistar o que restava do hotel Glinka, um alvo perfeito, isolado, mas que o general Rastov, por incapacidade ou capricho, não havia destruído por inteiro.

Pareceu-nos ter descoberto um ótimo caminho para trazer o grupo a salvo. Esta parte da cidade não estava mergulhada no confronto direto entre milicianos nacionalistas e soldados do exército invasor, que os tiros e explosões indicavam estar para o lado do palácio do Governo, algumas quadras adiante. Sem mesmo ir até o *bunker*, resolvemos voltar para dar a notícia e trazer as crianças.

Dados alguns passos pela rua Gogol, antes da praça que por certo Cusnan batizaria de "praça de alimentação", em homenagem ao *fast-food* dos shoppings, naquele tom irônico que imprimia às cenas difíceis e amargas da vida, fomos parados por uma patrulha do exército nos dando ordem de prisão. Fiquei desnorteado, mudo,

---

[14] Antonin Dvorák (1847-1904), compositor tcheco que constitui uma síntese do pós- romantismo alemão e da tradição folclórica eslava. Suas composições têm estilos muito próprios, com grande riqueza melódica e colorido orquestral.

sem sentir os pés no chão. A cor da minha face deve ter denunciado um possível desmaio, pois fiquei gelado e suando frio. Saldy se adiantou e disse que éramos jornalistas estrangeiros, exibindo nossa identificação. Um soldado, mantendo a metralhadora apontada ameaçadoramente para nós, verificou os documentos enquanto outros soldados nos revistaram. Em seguida fizeram com que sentássemos no chão da calçada, encostados num muro. Um jipe se aproximou e o oficial em comando pediu explicações, mas não consegui entender direito o que conversaram, meu domínio naquele idioma era fraco, e eu estava totalmente dependente de Saldy, que dominava relativamente bem a língua.

– E agora? – perguntei a Saldy.

– Vamos manter a calma e esperar.

Pelo uniforme reconheci que o oficial era um tenente. Ele gesticulava muito enquanto falava e, repentinamente, ficou em pé no carro e distribuiu inúmeras ordens. Os soldados começaram a entrar pelas casas, saindo de caminhões que chegavam naquele instante, e assistimos um verdadeiro desalojamento dos moradores. Dezenas de homens, a maioria idosos, mulheres e crianças, foram trazidos à rua, agasalhados ou não, e submetidos à revista e interrogatório. Durante cerca de meia hora ficamos esquecidos, com o fuzil de um soldado apontado para nós, meros assistentes da movimentação.

Após algumas prisões, antecedidas por atos gratuitos de violência física praticados pelos soldados, muito choro dos familiares e apreensões de materiais diversos nas casas, finalmente o tenente veio até onde estávamos.

Era alto e forte, e vestia um casaco que só deixava de fora parte das botas. Sua característica era o grito, parecendo ser-lhe impossível, ou pelo menos muito desagradável, o diálogo amistoso. Irado, gritou e gesticulou para levantarmos, descrevendo cenas mirabolantes com as mãos enquanto falava, fazendo Saldy um grande esforço para tentar compreendê-lo, pois sua fala era rápida, emendando palavras como se fosse um fuzil automático descontrolado. Terminado o que me pareceu um sermão, e sem nos dar tempo para qualquer palavra, deu ordens aos soldados e fomos despojados de tudo o que levávamos, menos os documentos pessoais, que segurava ele numa das mãos e nos atirou aos pés. Seríamos presos? Cusnan e as professoras já deveriam estar muito preocupados, mas eu e Saldy não tínhamos o que fazer, já que a comunicação era algo difícil no momento. Mesmo assim, Saldy tentou dialogar:

– Somos jornalistas internacionais, seremos presos?

O tenente deu um sorriso, olhou-nos com desdenho e nada respondeu. Por alguns segundos, intermináveis segundos, ficou parado à nossa frente. Daria ordens para nos fuzilarem? O sopro da morte passou ligeiro, mais uma vez, e o tenente voltou ao jipe e foi embora. Recolhemos os documentos e o soldado, nosso fiel cão de guarda, com seu fuzil ameaçador fez com que voltássemos a ficar sentados junto ao muro.

– Vamos ficar sentados até quando? – resmunguei.

– Por que você não perguntou para o tenente? – brincou Saldy.

Cruzei os braços, iniciando uma avaliação. Soldados

do exército neste setor da cidade, sem nenhum tipo de resistência, significava que já tinham o domínio territorial. Mesmo que fôssemos liberados, como resgatar o grupo no orfanato e levá-los ao *bunker*? Lembrei-me então que o tenente havia seguido em direção à praça Tchaikovsky.

As últimas harmonias anunciavam o fim do concerto. A cortina fechava após os aplausos e agradecimentos, e não mais se abriria. Os espetáculos estavam suspensos, os músicos desiludidos e os compositores proibidos de criar. O ideal nacionalista caminhava para o sepultamento e nós, jornalistas, estávamos sem os meios de comunicação. A notícia, em tom triunfal, seria dada ao mundo pela ótica do vencedor, o exército teria a única palavra, calando o derrotado e também as testemunhas imparciais do conflito.

A lei do mais forte, mais uma vez, ditava as regras e fazia a história. Uma história de um único ponto de vista, mas como ela podia ser diferente se estávamos impedidos de escrevê-la?

DISCURSO PARA NÃO SER ENTENDIDO

COMO JORNALISTA, ESTOU acostumado a assistir a demonstrações de hipocrisia dos homens. A todo instante muitos colocam em prova seu estado de alma, revelam sua personalidade mesquinha, autoritária, disfarçada, encobrindo defeitos com a capa da santidade. A melhor demonstração é quando preparam seus discursos para anunciar seus feitos, sempre gloriosos, quando vão dignificar seus pensamentos, mesmo que nada os justifiquem. Passei anos debruçado sobre discursos e declarações de chefes de estado, de ministros, de diplomatas, de autoridades as mais diversas, de muitos países, sabendo por experiência pessoal que a maioria utiliza as palavras ao seu bel-prazer, mascarando a realidade e montando uma farsa política para agradar aos que devem ser agradados, granjeando simpatias e apoio político, sempre mais importantes que qualquer outro apoio, mesmo que mais tarde, e às vezes não tão tarde, a verdade derrube o discurso.

Ser um analista internacional não é uma tarefa leve. Quais as implicações da declaração daquele estadista? O que estaria encobrindo? Até onde seu discurso mostra sinceridade de propósitos? Que vantagens para si e para seu governo estaria procurando com aquelas palavras? Grande parte dos discursos é basicamente falsa, apenas fraseado para mascarar o fundo real, quando uma guerra se estabelece. Falam muito, mas nada dizem. Ninguém aponta as causas reais que provocaram o desentendimento, nem informa corretamente o que acontece. Acusações são trocadas, informações são desmentidas, e assim o tempo passa, para espanto dos que assistem a tragédia humana ser manipulada sem maiores sentimentos.

Como podemos ter sentimento diante de tudo isso?

Recordo-me quando, em meu primeiro ano de trabalho, o chefe da redação chamou-me e disse que eu precisava mudar o teor da crônica a ser publicada. Como, mudar o que eu havia escrito? Qual o motivo?

– Sua análise não está correta – disse-me ele, com toda tranquilidade.

– E por que não está?

– Não está porque você considerou a declaração do primeiro-ministro como uma verdade.

– E não é uma verdade? – perguntei ingenuamente.

Apesar de já estar trabalhando há vários meses e ter recebido inúmeros elogios, meu chefe estava me dizen-

do que eu era ainda ingênuo, que havia tomado o falso pelo verdadeiro.
— Escute. Todo político é uma raposa astuta que declara o que deve ser declarado para evitar proporções maiores no incêndio, esperando assim receber o apoio de que necessita e, naturalmente, calculando as vantagens que disso advirão.
— Mas as palavras do primeiro-ministro me parecem sensatas — retruquei.
Meu chefe deu uma pausa, tamborilou os dedos sobre a mesa e disse-me:
— Você já compreendeu. As palavras parecem ser, mas nem sempre são. Reescreva a crônica, pois você se esqueceu de olhar o outro lado da moeda.
Saí de sua sala reordenando os pensamentos.
Havia feito uma interpretação inocente, sem levar em consideração os interesses nacionais e internacionais daquela declaração. Reli a matéria e concluí que, do ponto de vista do primeiro-ministro, realmente seu discurso encobria interesses outros, e mudei minha crônica, agora escrita com um olhar crítico. No dia seguinte recebi vários cumprimentos pela argúcia com que havia levantado as intenções encobertas. Meu chefe também me cumprimentou, e eu lhe agradeci pela lição.
Estarei fazendo uma generalidade? Sendo injusto? Sem dúvida, porque existem os honestos, que fazem da política um meio de bem administrar para o povo, mas esta análise não os denigre, pelo contrário, os exalta, porque se destacarão no meio da multidão, serão reconhecidos com facilidade por serem diferentes dos outros, até que um dia,

derrubando as utopias, se confundirão por serem muitos.

Meu pai que o diga. Trabalhava intensamente, dedicado à sua loja comercial, e não admitia uma desonestidade sequer no trato com os clientes e fornecedores. Podia não ser um rico comerciante, mesmo porque suas ambições tinham limite, como ele costumava dizer, mas era reconhecido e destacado por todo o bairro, tendo sido citado mais de uma vez pela associação comercial como exemplo de bom lojista. Ele era diferente, honesto demais, de outra forma não mereceria maior destaque. De certa forma sigo seus passos, mas devo ser honesto o suficiente para declarar que não tanto quanto ele, pelo menos até antes desta guerra. A verdade é que minhas crônicas de há muito haviam encontrado a forma certa de agradar gregos e troianos, com tiradas espertas para análises críticas e ao mesmo tempo imparciais, sem indispor-me com este ou aquele. Eram crônicas que camuflavam intenções sempre que preciso. Eu era um analista internacional correto, imparcial, bem considerado, que discursava para receber prêmios e manter o emprego.

Agora, se não fosse levado à prisão, poderia ler o noticiário, ou talvez escrevê-lo de acordo com as declarações do vencedor. Isso eu faria antes, exatos dois meses atrás, mas agora trataria de escrever sobre a realidade, sobre a verdade oculta pelo véu da hipocrisia humana, da mesma forma que em meu último artigo, sobre a orfandade na guerra. Sim, meu último artigo. Será que ele chegará à redação e às páginas do jornal? Ou nunca será conhecido? Mas, e se eu continuar vivo? E se eu puder entrevistar o general Rastov?

São muitas indagações para quase nenhuma resposta.

O CÉU AZUL DE UMA LINDA MANHÃ

CANSADO DE DETER o olhar sobre os soldados e sua movimentação, ergui meus olhos para o céu e descobri que ele estava intensamente azul, com camadas de nuvens alvas aqui e ali, abrindo-se para os raios solares. O inverno estava em seus dias finais e o frio já não era tão intenso, amenizado pela proximidade da primavera com suas flores. Em Grancy as flores seriam raras.

Deveríamos estar perto de onze horas, não sei muito bem porque levaram nossos relógios, mas como a fome começou a se fazer presente, calculei que seria esse o horário. Quando iriam resolver nossa situação?

Começamos a ouvir tiros, cada vez mais intensos, ao longe, interrompendo o silêncio angustiante que nos mortificava. Isso nos alertou para uma batalha que se travava, provocando nos soldados grande apreensão, só desfeita com a volta do tenente em seu jipe. Novas ordens e eles começaram a se deslocar, inclusive nosso guarda. Eu e Saldy, pelo menos era o que parecia, estávamos livres.

Sem saber qual decisão tomar, apelei para o bom senso de Saldy:

— E agora? Voltamos para o orfanato ou vamos ver o que está acontecendo?

— Bem, as crianças estão com o Cusnan e confio nele. Estamos no meio de uma aventura. Não seria melhor fazermos a cobertura da tomada de Grancy?

Uma característica essencial de Saldy era não tomar a primeira decisão, era não ser o primeiro a dar uma opinião clara, com a opção já definida. Ele mostrava uma tendência, mas que podia não ser definitiva, colocando-me como centro decisório, justo eu que apelara à sua opinião esperando que me norteasse o rumo. E agora, vamos ou não fazer a cobertura jornalística? Devemos ir, pensei. Voltar ao orfanato nada vai nos acrescentar ou mudar a situação, partindo da premissa que deixamos lá o anjo guardião Harry Cusnan.

— Com todos os riscos, vamos ver o que está acontecendo — respondi.

Como descrever ao leitor minhas angústias, minhas apreensões? Não podíamos resgatar Anna e os demais, porque sequer havia um lugar para levá-los, pois a cidade estava envolvida por uma batalha que podia ser a última. Teriam os soldados invasores descoberto nosso *bunker*? Resposta a essa indagação só depois, porque agora o momento exigia cautela no andar pelas ruas.

Evitamos a praça Tchaikovsky, campo aberto para qualquer atirador, e seguimos pela rua Smetana,[15] semidestruída e paralela à praça, para alcançarmos o palácio do Governo, na praça Bartok. Nem chegamos ao final da rua e fomos recepcionados por uma batalha campal. Procurei o bloco de anotações ao mesmo tempo em que me escondia atrás da coluna de um prédio. Ao apalpar os bolsos lembrei que os soldados haviam levado meus instrumentos de trabalho. Saldy estava deitado no chão, junto a mim, enquanto me mantinha agachado, observando. Diversos milicianos nacionalistas enfrentavam o exército quase num corpo a corpo, em desesperada resistência. Esforço inútil, porque os soldados se multiplicavam como abelhas num enxame, e estavam mais bem armados. Comecei a registrar pelo olhar as cenas, tremendo a cada tiro mais perto. De onde estávamos não era possível dizer quem estava ganhando, tal a ferocidade com que se combatiam, indo e vindo à nossa frente.

Um morteiro explodiu alguns metros de onde estávamos, e abençoei a coluna de concreto que nos protegia.

Vi um miliciano correr e ser atingido.

– Saldy, ali à esquerda, não é o tenente Andrei?

– Onde?

---

[15] Bedrich Smetana (1824-1884) é considerado o fundador da escola tcheca de composição. O ciclo de poemas sinfônicos *Minha terra* tornou-o famoso, ao lado de várias óperas de agrado popular. Nacionalista intransigente e professor de música, faleceu vitimado por doença que o deixou surdo.

– No chão, ferido, perto daquele carro azul.

Levantamos. Algo nos despertou daquele assistir sem participação, e nos vimos atravessando a rua em acelerada corrida. Chegamos ao corpo ensanguentado e tivemos a confirmação desagradável de ser ele mesmo, o tenente Andrei Krajcik, nosso amigo. Como padioleiros do serviço médico, imediatamente o carregamos para detrás da coluna que nos servia de abrigo. Não sei se atiraram sobre nós, ou se ninguém percebeu o resgate. Ele respirava com dificuldade.

– Andrei, Andrei, sou eu, Peter Zoldan, fale comigo, vamos, fale!

Foram em vão a passagem dos segundos e os apelos. Andrei estava morto.

Ele me orientara, salvara minha vida, e agora minha ajuda havia sido inútil. Menos um amigo. Sentei, desconsolado. Enxugando uma lágrima, com a emoção tomando conta. Saldy falou, resignado:

– Era um bom homem, e um soldado cumprindo o dever.

O dever de morrer? O dever de matar? Desde quando pode se considerar isso um dever? Ele era um bom homem, acima da condição de soldado havia o homem, com família constituída. Por que esse homem teria por dever o matar e morrer?

Não tive tempo de encontrar uma resposta satisfatória. Soldados avançavam céleres e percebemos que a tomada do palácio de Governo estava se processando. Era o fim. A guarda nacionalista estava sob controle e a revolução estava sufocada.

– Saldy, devemos voltar de imediato para as crianças.
– Concordo.

Esse diálogo breve revelava nossa vontade de voltar o mais rápido possível, até mesmo correndo, mas isso representaria um ato suicida, e foi essa ponderação vinda do instinto de sobrevivência que nos fez caminhar lentamente por entre destroços, cadáveres e ruínas.

Confesso estar atordoado, com os pensamentos embaralhados, quais notas dispersas numa partitura, sem fazer sentido. Meu estado de ânimo era o pior possível, pois a neutralidade que nos conferia o dever jornalístico há muito estava substituída por uma indignação maior que qualquer compromisso com a profissão. Embora não trocando palavras com Saldy, sentia-lhe os mesmos sentimentos.

Creio que esse nosso alheamento de espírito foi a causa determinante de entrarmos por uma rua que normalmente não utilizávamos. Ficamos frente a um comboio do exército, obrigados a assistir cenas dantescas protagonizadas pelo egoísmo e animalidade do ser humano embrutecido pela guerra.

Soldados invadiam casas e prédios aos gritos e tiros, arrastando para a rua homens, mulheres e crianças, espancando muitos e realizando fuzilamentos sumários. Tiros disparados para o alto, em louca alegria de vitória, e grossos rolos de fumaça de incêndios provocados formavam desenhos no céu azul daquela manhã, comemorando a usurpação da vida e dos bens que pertenciam ao inimigo.

Meu corpo estremeceu, e com muito custo contive

as lágrimas. Olhei para Saldy e ele estava pálido, fundamente impressionado. Com a voz embargada por forte emoção, sussurrou-me:

– Que loucura!

Eu queria, mas não conseguia sair do lugar. Estava preso ao chão, pressionado pelo pavor e horror que aquelas cenas me infundiam. Minha mente emitia sinais e eu não me sentia capaz de analisá-los e escolher o que melhor me conviesse para aquele momento. Os olhos percorriam a rua, indo e vindo, registrando, registrando... Inclusive a presença do soldado que nos apontava o fuzil, ameaçador, alguns metros à frente. Ele estava sentado no alto de um tanque e parecia um cão de guarda à espera de uma nova ordem. Tive apenas um pensamento: "Se formos presos, o que seria dos que aguardavam nosso retorno?".

Um oficial se aproximou e ordenou a outro soldado que nos revistasse. Encontrou os documentos de identificação que, fora a roupa e a dignidade que ainda mantínhamos, era o que nos restava. Examinou-os e, em bom inglês, exclamou:

– Jornalistas!

Era um alívio encontrar alguém que facilitasse a comunicação, mas não me senti encorajado a articular um diálogo. Continuei em compasso de espera, enquanto ele nos devolvia os documentos.

– Vocês ficarão detidos até novas ordens – sentenciou.

Antes que eu pudesse maldizer a vida, imitando o estilo Cusnan, franco-atiradores nacionalistas dispersaram os soldados, e Saldy, aproveitando a confusão, levou-me a uma corrida contra o tempo e o perigo. Era preciso alcançar a rua Balakirev e o orfanato.

Quantas balas atravessaram nosso caminho? Quantos gritos de desespero ouvimos?

Sei que não mais levantei os olhos ao céu. Sei que não mais contemplei as nuvens brancas salpicando o azul do firmamento. Sei que não sei se o sol nos aquecia, pois o calor que me invadia talvez fosse da esperança de viver, ou talvez a incerteza de morrer.

Ao adentrarmos no improvisado orfanato, todos os rostos indagaram dos acontecimentos. Havia ansiedade e medo, incerteza e desconfiança. Depois de abraçar algumas crianças que se enlaçavam em minhas pernas, dei a notícia:

— A cidade está ocupada pelo exército, a luta terminou.

Enquanto Saldy historiava a situação, acompanhei as expressões daqueles rostos: expressões marcadas pelo sofrimento, e que agora encontravam apenas o choro convulsivo para exprimir os anseios íntimos. Foi com muito esforço e paciência que Anna e Tânia acalmaram os ânimos das crianças. Eu me sentia impotente. Atitudes de afeto, carinho, ternura para com os outros não era a minha especialidade. Mais impotente fiquei ao observar Cusnan consolando alguns daqueles pequenos seres, aconchegando-os, tornando-se amigo. E pensar que eu me irritava com sua arrogância, com sua ironia, com seus modos deseducados.

Anna aproximou-se e, colocando minhas mãos entre as suas, perguntou-me:

— E agora, meu amigo, que faremos?

Queria eu dar-lhe uma resposta objetiva, mas as únicas palavras sensatas e, reconheço, ao mesmo tempo vazias que encontrei foram:

– Aguardemos os acontecimentos.

O jornalista entregara-se, neste momento, à passagem do tempo, aguardando as notícias, para depois trabalhar.

O BEL CANTO
DE UMA ORAÇÃO

MINHA MÃE DIZIA-ME que as orações dominicais levadas a efeito na igreja eram como remédios reconfortantes ao coração e à alma. Aliviavam, isso quando não curavam as dores morais. Minha mãe sempre me dizia isso, mas eu, quando frequentava os cultos, sempre considerei a oração uma poesia bonita, um recitativo individual ou coletivo, endereçado a um ser, fosse Deus ou um santo, muito distante da minha vida. Depois da adolescência nunca mais orei. Mesmo no enterro de meu pai, e depois no de minha mãe, acompanhara as orações sem tirar a alma do chão da terra. As lágrimas eram de dor e solidão, mas não apresentavam emoção de espiritualidade.

Anna, por quem nutria profunda simpatia, surpreendeu-me ao reunir as crianças em círculo e convidar a todos para uma oração. No primeiro momento pareceu-me mero formalismo religioso, até mesmo fuga da realidade, mas não poderia ali contrariar seu desejo, mesmo porque, ponderei, se Deus existe e ouve nossas preces, como dizia minha mãe, talvez nos socorresse dos perigos e da selvageria humana.

Procurei o olhar de Cusnan e deparei-me com seus olhos fechados e suas mãos entrelaçadas com as pequeninas e frágeis mãos de duas meninas. Ele me pareceu mais menino que homem, revelando um lado de sua personalidade que eu desconhecia. Saldy estava ao meu lado, sério, contemplando igualmente a cena, talvez perplexo como eu, sem saber exatamente o que fazer. Tânia abraçava várias crianças, e Anna posicionara-se à minha frente.

A tênue iluminação do ambiente deixava sombras por todos os lados. Quando Anna iniciou a oração, não pude fechar os olhos. Todas as expressões chamavam-me a atenção. Queria ver, sentir, experimentar a emoção que tomava conta de todos eles. Lembrei-me, então, de árias belíssimas de óperas famosas, aquelas canções que a voz de tenores e sopranos nos fazem arrepiar, e mentalmente coloquei um fundo musical às palavras que seus lábios recitavam. Pouco a pouco, uma estranha vibração tomou conta de meu corpo e não mais pude manter os olhos abertos. Emoções reprimidas transbordaram em lágrimas cristalinas e pedi, com toda minha sinceridade, que aquele Deus da crença de tantos milhões de seres humanos apaziguasse os homens que ali se odiavam e se matavam; que protegesse ao menos aquelas crianças, que elas pudessem superar os traumas da guerra e ser finalmente felizes.

A ária terminou em perfeita harmonia com a oração. Palavras de coragem e esperança, solicitações de paz e fraternidade. Tudo com muita sinceridade, saídas do coração daquela jovem professora que mais se fazia admirar por este pequeno escritor.

Algo havia mudado na minha descrença, ou melhor, na minha frágil crença, pois em dois meses de inferno havia comprovado a necessidade da fé para continuar vivo. Sentia que essa fé indefinida estava agora consolidada, embora não a conseguisse compreender totalmente. Enxergava para além das sombras de mim mesmo e, resoluto, tomei uma decisão. Por que esperar? Como seres humanos, podíamos fazer a história. Repleto de uma coragem que não me era comum, propus que saíssemos à rua, ao encontro do exército, desafiando nosso grupo a uma atitude.

– Você deve ter enlouquecido! – desdenhou Saldy.

– Ou, no mínimo, está delirando – completou Cusnan.

– Não, meus amigos, nem uma coisa nem outra. Estou lúcido e sei o que estou propondo. Desfilaremos pela rua com todas as crianças de mãos dadas. Será um ato de...

– Suicídio! – exclamou Saldy, indignado, sem deixar-me completar o pensamento.

De imediato retomei a palavra:

– Não, não. Será um ato de coragem, uma atitude que vai surpreendê-los, deixá-los sem ação.

Mais uma vez Saldy reagiu negativamente:

– Não sei... isso é muito perigoso.
– Mas pode dar certo...
A voz de Tânia fez com que todas as atenções se voltassem a ela: Saldy e Cusnan na espera de um pensamento lógico. Eu, na certeza do referendo à minha proposta. Somente Anna conservava-se calma, como se aguardasse pacientemente nossa decisão.
– Creio que o senhor Zoldan não quer que fiquemos parados, aguardando os soldados arrombarem nossa porta. Se isso acontecer, temo por nós todos. Será muito fácil eles separarem as crianças de nós e, quanto a nós duas, sozinhas, seremos presas fáceis aos desejos de homens em luta. Entretanto, se tomarmos a iniciativa, unidos, poderemos ser bem-sucedidos.
Após um breve silêncio, Cusnan ponderou:
– Faz sentido, e devo lembrar que a imprensa está cerceada. Assim como nós, os demais devem estar sem os equipamentos de trabalho e sem comunicação. Não podemos registrar os fatos e nenhuma outra equipe de jornalistas será autorizada a entrar em Grancy, pelo menos não tão cedo.
Anna desfez o novo intervalo de nosso diálogo:
– A oração que fizemos é a causa dessa ideia. Devemos segui-la, eu sinto isso.
Cusnan, voltando à sua personalidade tão conhecida, obtemperou:
– Bem, bem... Eu não sou de dar ouvidos a padres e pastores, e nem quero discutir se existem almas do outro mundo, mas o certo é que a ideia tem lógica, e eu não estou acostumado a ficar esperando pelo pior.

Aqui dentro nada temos a fazer, lá fora poderemos dar trabalho a muita gente. O que vocês estão esperando?

Esse era o Harry Cusnan que eu conhecia, decidido e sempre com certa dose de ironia em suas palavras.

Concordamos em sair.

Nos preparativos que se seguiram, rápidos, pois quase nada havia a carregar, observei a serenidade de Anna. Embora sua fraqueza orgânica ainda evidente, demonstrava uma força de ânimo que poucas vezes assistira nas pessoas. Pelo dever da verdade, a única vez que assisti a essa força em ação foi após a oração que minha mãe realizou no enterro de meu pai. Ela saiu tão fortalecida desse ato, que suplantou todas as adversidades. Substitui-o nos negócios comerciais, tornou-se pai e mãe ao mesmo tempo. Caminhou de volta para casa de mãos dadas comigo, fazendo observações sobre o lindo dia, com sol e brisa suave, que contemplávamos. Quando adentramos à casa, ela ligou o aparelho de som e colocou uma linda ária de amor para ouvirmos. E disse-me:

– Filho, é o amor que deve nos unir. E o amor é sentimento que dura para sempre, trazendo a felicidade. A tristeza é passageira, vai embora quando queremos viver no amor.

A oração no cemitério havia falado do amor, a música cantava o amor.

Eu agora compreendia que a oração é como uma linda canção, com o incrível dom de transmudar o sofrimento em alegria, a descrença em esperança, a apatia em atitude.

A música que outrora fora a vida de Grancy, estava

de volta naquele pequeno porão, no som articulado das palavras profundas de uma oração, no lugar da orquestra e seus instrumentos. Será que minha mãe podia ouvir essa música?

De súbito, diante desse pensamento, novamente tive aquela sensação estranha de ter mais alguém ali, aquela sombra nos observando. Será meu misticismo crescendo, ou será uma realidade da qual nunca quis saber a verdade?

NA PRAÇA, COM O GENERAL

Envolvido por intensa emoção, aproximei-me de Anna, que preparava a pequena Ilyuma para a viagem sem destino certo que iríamos iniciar. Não podia deixar de sentir algo especial por ela, não definido dentro de mim. Acreditei ser o receio por sua vida, pois o risco era grande. Ela me fitou, olhos indagadores emoldurados por meiga expressão e, mais uma vez, fiquei sem resposta. Um cronista sem palavras diante de uma emoção enigmática. Constrangido, desviei o olhar e procurei ajudar aqui e ali nos preparativos das crianças.

Por que a sensação de incômodo? Eu não sabia responder. Estava perturbado pela decisão, pelo futuro incerto, pela arriscada aventura... Estava perturbado pela visão e proximidade de Anna.

— Bem, senhores, estamos prontos — anunciou Tânia, com voz firme.

Por um momento fiquei em dúvida sobre o que seria mais acertado: ficar e aguardar ou sair e enfrentar? Percebi que todos trocávamos olhares indagadores, aguardando uma última palavra, uma derradeira decisão. Como o silêncio impusesse pesadamente sua presença, compreendi que devíamos fazer o que estava decidido, pois a vida só nos traria novas e belas inspirações para a continuidade do existir se abríssemos a porta e deixássemos a luz da intuição penetrar em nós mesmos.

Cusnan e Saldy foram os primeiros a sair, fazendo um reconhecimento da rua. Tudo estava calmo, sem a presença de soldados. Os tiros haviam cessado. O espetáculo grotesco da guerra era findo, as cortinas fechavam o palco e nós, pobres espectadores, fazíamos fila para sair do teatro.

E foi assim, em fila, que saímos caminhando em direção à praça Bartok, direto para o palácio do Governo, provavelmente já tomado pelo exército sob o comando do general Rastov. Poderíamos ir para o hotel Glinka, mas não tínhamos certeza de ser a melhor opção. Ir ao encontro do dominador era sair da situação de refugiados de guerra para a condição oficial de abrigados, ou de prisioneiros.

Quando já estávamos na rua, Cusnan segurou-me pelo braço e falou, decidido:

— Sei que você é nosso líder, mas quem vai à frente sou eu. Sou mais forte, melhor para proteger as crianças, e com minha voz de trovão posso intimidar eventuais soldados ansiosos por dar mais uns tiros.

Eu estava admirado de sua transformação. Normalmente irritadiço, indiferente e burocrático, depois do contato e convivência com aquelas crianças, Cusnan estava mudado, mais solícito, preocupado com nossas vidas.

– Bem, meu amigo – respondi – se você já tomou a decisão, não irei contrariá-lo. Obrigado por sua ajuda.

– Não precisa agradecer, mas se sairmos desta com vida, você me deve um hambúrguer e um refrigerante.

Rimos discretamente e percebi que ele, na verdade, continuava o mesmo, apenas deixava aflorar seu lado humano, generoso e afetivo.

Utilizando ruas periféricas, iniciamos a marcha até a praça. Saldy e Tânia mantinham as crianças de mãos dadas, enquanto eu amparava Anna, ainda fragilizada, mas demonstrando muita coragem e força de vontade. Seu contato me deixava estranho, um misto de alegria e preocupação.

A queda do regime democrático fizera com que a população mantivesse seu refúgio domiciliar, aguardando notícias. As ruas encontravam-se desertas, afinal não havia o que comemorar.

Logo na segunda rua, fomos interceptados por uma patrulha do exército. Cruzamos olhares e indecisões. À nossa frente um carro blindado, carros diversos e muitos soldados. Um oficial se aproximou. Tomei de toda coragem que ainda me restava e, antes que Cusnan dissesse ou fizesse alguma coisa, assumi minha condição de líder, dirigindo-lhe a palavra:

— Queremos falar com o general Ivan Rastov.

O oficial, acompanhado de vários soldados fortemente armados, parecendo indiferente à minha solicitação, ficou por alguns segundos olhando para todos nós, talvez se perguntando o significado daquela cena tão inusitada em pleno campo de guerra. Finalmente, fixou seu olhar em mim e perguntou:

— Quem é você?

— Sou Peter Zoldan, jornalista internacional, correspondente de guerra.

Olhando novamente para o grupo, indagou:

— E quem são essas crianças?

— São órfãs, perderam seus pais durante a guerra — respondi.

— E você quer falar com o general Rastov?

Não sabia onde o oficial queria chegar com as perguntas, mas eu estava convicto do que queria.

— Sim, quero falar com o general Rastov.

O oficial fez um sinal e os soldados nos cercaram, o que assustou as crianças.

— Por favor, seus documentos — pediu.

Foram minutos intermináveis. Pacientemente o oficial ficou manuseando e lendo meus documentos de identificação, guardando-os consigo. Minutos de gelo, de indecisão, de sentir que sua vida está nas mãos de uma única pessoa.

— E por que eu deveria levá-los até o general Rastov?

— Porque as crianças querem cantar uma linda canção para ele.

Não, não me perguntem por que dei essa resposta,

nem se ela teve uma intenção irônica ou poética, apenas ela surgiu em minha mente e verbalizei o pensamento sem utilizar a razão, mas, por mistério, foi uma resposta mágica. O oficial sorriu e sentenciou:

– Então, você falará com o nosso general.

Imediatamente, às suas ordens, dois soldados me agarraram e vi-me separado do grupo.

– O que estão fazendo? Sou estrangeiro, exijo meus direitos – comecei a gritar.

As crianças estavam assustadas, algumas choravam. Saldy tentou argumentar, mas foi calado com a ameaça dos fuzis. O oficial aproximou-se e pediu que eu mantivesse a calma.

– Você vai ser levado até o general. As crianças e os outros ficam retidos como prisioneiros até nosso comandante tomar uma decisão.

E chegando mais próximo, para que somente eu ouvisse o que tinha a dizer, recomendou-me:

– A vida de todos eles depende de você, lembre-se disso.

Colocado num jipe militar, logo estava rumando para o palácio do Governo. Não foi possível nenhuma despedida, nenhuma palavra, nenhum olhar. Embora sem sofrer violência física, os soldados foram rápidos e tolheram meus movimentos. Eu era, na verdade, mais prisioneiro de guerra do que jornalista, mesmo porque não fora convidado para comparecer a uma entrevista coletiva, antes me oferecera para entrevistar sem saber da real possibilidade e do resultado dessa minha ousadia.

A viagem foi curta e assombrou-me o estado da praça

Bartok. Parte do palácio ardia em chamas e suas paredes estavam crivadas de buracos promovidos pelas balas de fuzis e canhões. Observei grande número de milicianos nacionalistas prisioneiros, assim como muita destruição, e vítimas sendo retiradas do cenário trágico da guerra.

Paramos em frente a algumas barracas e o sargento que comandava nosso grupo perdeu-se no meio delas, nervoso e apressado em cumprir as ordens recebidas. Os três soldados, de armas prontas para agir, olhavam-me com ar de superioridade. Eram jovens, dificilmente teriam mais de vinte e cinco anos, mas as marcas da violência estavam estampadas em seus rostos. Haviam amadurecido bem mais rápido do que o normal, um amadurecimento forçado, repleto de cicatrizes que carregariam por boa parte de suas vidas, talvez mesmo por toda as suas vidas.

O sargento voltou e vociferou ordens que não entendi, pois falava em seu próprio idioma, e fui conduzido com certa brutalidade para dentro de uma das barracas. Alguns oficiais me aguardavam, mas nenhum deles dirigiu-me a palavra. Simplesmente olhavam-me, provavelmente pensando que eu estava querendo encontrar a morte mais cedo, mas o fato é que me recebiam, e percebi que esperavam alguma coisa, talvez uma ordem superior.

Embora nunca tenha sido dado a atos de heroísmo, e incomodado com aquela espera silenciosa, perguntei:

– Ninguém vai falar comigo? Onde está o general Rastov?

Uma voz de timbre grave destacou-se e, mais ao fundo, à esquerda da minha visão, o tão temido e enigmático general apareceu.

— Eu vou falar com o senhor!

E aproximando-se, deu-se a conhecer:

— Sou o general Ivan Rastov, comandante-chefe do exército.

Fiz um grande esforço para não desmaiar. Tremi dos pés à cabeça e, com medo, pensei em recuar, o que era de todo impossível. Eu estava na toca do leão e não havia saída. E agora? Como dialogar com esse homem? Sim, porque teorizar é muito diferente de vivenciar. Mas, para minha surpresa, o general se mostrou afável, iniciando a conversa.

— Então, serei entrevistado pelo analista internacional Peter Zoldan? É uma honra.

Adiantou-se e estendeu sua mão para me cumprimentar, o que respondi de forma automática, meio aturdido por essa ação inesperada, e pelo encontro ter acontecido de forma tão rápida, muito além de qualquer expectativa.

— Creio que estes documentos lhe pertencem, peço desculpas por terem sido retirados do senhor — e devolveu-me a documentação.

Quem é esse general Ivan Rastov? Suas atitudes, seu comportamento, não condiziam com o retrato que tinha desse personagem. Por que esse tratamento cortês? Não era ele o general de ferro, o guerreiro frio e calculista, o homem que personificava o mal? Após um minuto de silêncio, em que pude observar-lhe melhor, no seu uniforme impecável, consegui articular as primeiras palavras:

— General, na verdade não vim aqui para entrevistá-lo, embora isso pudesse me dar até um prêmio jornalístico. Vim solicitar a liberdade, minha e de meus amigos jornalistas, assim como de duas professoras e várias crianças órfãs que estão sob nossa proteção.

O general olhou-me fixamente e redarguiu:

— E quem disse que vocês, jornalistas, são prisioneiros?

— Desculpe-me, general, mas é como nos sentimos, pois há dois meses não podemos nos locomover de Grancy, e nem mesmo manter contato direto com o mundo exterior, e sinto-me seu prisioneiro, sem direito de exercer minha profissão.

O general Rastov entreabriu um sorriso e respondeu de forma pausada e ao mesmo tempo firme:

— Por menos, soldados e oficiais vão parar na cadeia, entretanto, não farei o mesmo com você. É um civil e estrangeiro, um correspondente de guerra. É uma pena que não queira me entrevistar, asseguro-lhe que daria uma boa reportagem. Bem, se não teremos entrevista, e tenho muito o que fazer, você, os outros jornalistas, essas professoras e crianças, ficarão confinados no que sobrou do hotel Glinka, onde seus amigos já se encontram, aguardando novas ordens.

Não podia deixar que a conversa terminasse dessa maneira e, estupefato comigo mesmo pela coragem que saía do fundo da alma, como se algo me impulsionasse, indaguei:

— E esse confinamento, general, não é uma prisão?

Nesse momento o semblante de Ivan Rastov fechou. Expediu uma ordem ao sargento, que imediatamente desferiu uma bastonada em meu estômago, fazendo-me cair de joelhos.

– Ninguém questiona minhas ordens, entendeu? E fique feliz por não ser jogado numa verdadeira prisão, de onde, posso lhe garantir, não sairia vivo.

Nada pude argumentar. O sargento deu ordens aos soldados e mãos pesadas me agarraram, arrastando-me para fora. Fui, literalmente, jogado para dentro do jipe e logo estávamos no hotel Glinka, que havia se transformado em local amplamente vigiado pelo exército.

Quando entrei, Saldy, Cusnan e todos os demais, inclusive as professoras e as crianças, correram para me amparar e perguntar:

– Então, como foi?

Procurei o olhar de Anna, que me fitava mordendo levemente os lábios, e respondi como um autêntico cronista:

– Com uma das mãos ele acenou com a esperança da liberdade, enquanto com a outra, apontou o inferno da prisão.

Ninguém ousou fazer outra pergunta. O grupo lentamente foi se dispersando, ocupando as dependências do segundo e terceiro andares, que ainda tinham condições de uso. Alojamos as crianças em quartos do terceiro andar e, enquanto todos descansavam, sentei no corredor e só então lembrei as palavras daquele oficial: "A vida de todos eles depende de você". Chorei amargamente, com a esperança por um fio, e o remorso pedindo asilo em meu coração.

Nesse momento, sentado e apoiado na parede do corredor, senti novamente aquela sensação de uma presença, invisível, parecendo que alguém me espreitava. Estendi minha visão para os lados e encontrei apenas o vazio entre paredes de um hotel. Apesar disso mantive a certeza de estar acompanhado. Teria sido essa presença invisível que me fizera ter tanta coragem? Seria ela que havia soprado a inspiração que fluiu de minha mente para as palavras? Seria isso possível?

LIBERDADE, LIBERDADE!

O QUE É a liberdade?

Como ter liberdade confinado a um alojamento improvisado, dependendo dos outros para sobreviver?

Os outros nos servem o café da manhã, cortam a energia elétrica, agora restabelecida, mas em horário programado, trazem a água para o único banho do dia, servem a refeição do almoço, e depois um lanche ou uma sopa para o jantar.

O general disse que não somos prisioneiros, mas em que se tornou o hotel Glinka, senão numa prisão?

Os dias passam e cada vez mais penso no sentido da liberdade.

A liberdade de escrever, de ir para onde se quer, de voltar quando se decidir a isso, de conversar com quem quiser, e tantas outras liberdades que sempre tive e das quais agora apenas guardo a lembrança.

No fundo, estou me criticando por não haver aproveitado a liberdade quando a tive, e por não tê-la utilizado de forma sensata, pois sei que estou no lugar errado, passando por sofrimentos que poderia evitar. Bem, talvez eu não tenha tanta certeza do que estou dizendo.

Um dia, lá atrás, nas dobras do tempo, escolhi e vim parar na Terênia, em meio à guerra. Sou, portanto, o maior culpado, contudo, não posso ficar me culpando, pois é preciso sobreviver para tentar, no tempo futuro, simplesmente viver.

Saldy e Cusnan dizem que todos devem suas vidas ao meu ato de coragem, mas disso tenho dúvidas. Por que não entrevistei o general, aproveitando sua própria indicação? Ele me dera a liberdade de exercer minha profissão e, agradecido, provavelmente nos remeteria à liberdade, mas preferi ignorar sua solicitude para comigo e o afrontei, arrogante, exigindo essa liberdade que ele vislumbrara espontaneamente.

É que a liberdade deve ser conquistada pelo próprio mérito, não deve ser concedida como espólio de guerra.

Pela liberdade lutaram os nacionalistas, e pela liberdade morreram. Também estou lutando pelo direito de ir e vir, de pensar e falar, de escrever e publicar, de ser independente e ao mesmo tempo viver numa sociedade em que os direitos são iguais para todos. Será que o general Ivan Rastov tem esses pensamentos?

Estou olhando pela janela do quarto e vendo a praça em frente toda destruída. Que será dessa nova geração,

representada pelas crianças que estão conosco, perdidas de seus pais e até mesmo de seus familiares diretos, sem os brinquedos da pracinha, diante de uma nação subjugada, forçada a viver como o quer quem a domina?
Conhecerão algum dia a liberdade?
Lamento nunca ter pensado sobre isso. Lamento estar aqui, diante da dor, para só agora aprender o valor da liberdade. Tudo poderia ser diferente se eu fosse um jornalista comprometido com a vida humana, mas somente agora compreendo isso.
O que será a liberdade?
Agora que não a tenho, eu sei o que ela representa.
Feliz é aquele que não precisa perder algo precioso para reconhecer o valor da liberdade.
A liberdade é um direito natural que pertence a todos e qualquer ser humano, independentemente de sua cor, de sua etnia, de sua nacionalidade, de sua religião, de sua crença política. Ela está na natureza e não precisa ser regulamentada pela lei. Agora, por força de lei, como podemos pensar numa liberdade que não seja irmã da fraternidade e da igualdade? Sim, pois somente onde existirem igualdade e fraternidade, a liberdade não colocará em risco a vivência social, pois a conjugação dessa tríade promoverá a justiça social e, portanto, ninguém terá o que temer do outro. Mas, para isso, precisamos combater o egoísmo e o orgulho, tiranos cruéis que promovem as guerras, impedindo que haja confiança entre os homens. Creio que se considerássemos a existência de um ser supremo, normalmente chamado de Deus, a convivência fraterna seria facilitada. Falo

isso agora, pelo fruto amargo da experiência, pois não falaria meses atrás.

Liberdade!

Um dia pensei fosse um homem livre, até que a tirania chegou e passei a ser um homem escravo.

A DOCE MÚSICA DA CONVIVÊNCIA

Solicitados por Calbot, todos nós, jornalistas, reunimo-nos para deliberar sobre a situação que estávamos vivendo, pois quase uma semana de verdadeira prisão pesava sobre nossos ombros e consciências.

Somos exatamente dezesseis heróis de guerra, bravos jornalistas estrangeiros que teimavam em fazer anotações, ao mesmo tempo em que barganhavam com os soldados, tentando conquistar amizades e simpatias.

O general Rastov mantinha-nos sem comunicação externa, mas com plena liberdade dentro do hotel. Tínhamos restabelecido, com algumas restrições, o fornecimento de água e luz, assim como nossos pedidos de alimentação, roupas e remédios vinham sendo regularmente atendidos, nunca como queríamos, mas sempre de forma razoável. Perto da vida que tínhamos antes, em pleno conflito militar, até podíamos dizer que a existência estava bem melhorada.

Tânia e Anna ocupavam as crianças com brincadeiras, músicas e aulas sobre os mais diversos conhecimentos, aproveitando-nos para entrevistas e dramatizações. Particularmente, confesso serem estes últimos dias bastante prazerosos, fazendo-me recordar a infância e os dias escolares de estudante.

O convívio era de harmonia, mas até quando?

– Bem, meus amigos, precisamos tomar uma decisão.

Calbot fez uma pausa proposital, olhando para cada um de nós, como a sentir-nos, continuando:

– Estamos aqui há vários dias e não há notícias sobre nossos destinos. Impedem-nos de qualquer contato e não nos dão informações. Sei que muitos de vocês estão inquietos e está crescendo a ideia de um plano de fuga, razão deste encontro. Quero lembrar-lhes que não somos soldados, e sim jornalistas, mas, ao mesmo tempo, somos seres humanos, e ainda responsáveis por um bando de crianças. E essa é a grande questão. O oficial encarregado da nossa guarda comunicou-me, há pouco, que amanhã ou depois as crianças e as professoras serão retiradas do hotel. O que vamos fazer? Quais são as sugestões?

Pessoalmente não me agradava a ideia de uma tentativa de fuga, mas também estava incomodado com o passar dos dias e nenhuma expectativa de mudança em nossa situação, e agora, com essa notícia, estava realmente alarmado. Uma ideia? Se dependesse de mim, que estava em verdadeiro estado de choque, Calbot não teria nenhuma. Enquanto tentava formular pensamentos, Cusnan, que havia mudado muito seu comportamento, tomou a palavra:

– Todos aqui sabem que eu odeio a guerra e que gostaria de voltar ao meu país e viver em paz.

– Comendo um bom hambúrguer – disse alguém, com humor, provocando alguns risos.

– É, isso também – continuou Cusnan –, e por isso tenho conversado com os soldados e tentado conquistar a confiança deles, na esperança de conseguir algum caminho para a nossa liberdade.

Cusnan respirou fundo, aumentando nossa ansiedade, e retomou a palavra:

– Pois bem, eu acredito que temos uma chance de sair deste inferno.

Ficamos apreensivos e em silêncio, com medo de quebrar a expectativa positiva que Cusnan estava passando. Foi Calbot quem interviu, com a pergunta que cada um de nós queria fazer, mas sem coragem para fazê-la:

– E que chance é essa?

– Nos últimos dias venho conversando mais intimamente com um soldado de nome Dimitri, ele é jovem, cheio de ideias sobre a vida, fala inglês com boa fluência, e não concorda com o tratamento que estão dando para nós. Está querendo voltar para casa o mais rápido possível, e acenou-me com a possibilidade de nos auxiliar a sair daqui.

Um frêmito nos atingiu, mas Saldy logo estragou o início de esperança com sua argumentação:

– Ir embora daqui para onde? Quem vai nos ajudar lá fora, caso consigamos sair realmente? E não podemos nos esquecer das crianças.

Senti que precisava intervir antes que discussão acalorada tomasse conta do grupo, e ponderei:

– Calma, Saldy, temos primeiro que ouvir o plano que Cusnan deve ter elaborado, e acredito que ele não esqueceu as crianças, não é mesmo?

Fiz a pergunta dirigindo um olhar decidido para Cusnan, que respondeu de imediato:

– Claro que não me esqueci delas, nem das professoras.

E antes que ele utilizasse seu costumeiro palavreado impublicável, Calbot retomou a direção da conversa e solicitou que Cusnan continuasse a explicar seu plano.

– É simples. Dimitri disse-me que ainda hoje haverá movimentação das tropas para combate em outras províncias, e que ele sabe, de fonte segura, que a guarda do hotel será reduzida. Assim que isso acontecer, no início da madrugada, ele providenciará nossa saída até um bairro da periferia de Grancy. Dali poderemos procurar ajuda e sair da cidade.

– Isso é loucura, Cusnan! Quem vai nos ajudar no meio da madrugada?

Mais uma vez Saldy e seu ceticismo nos davam um banho de água fria, mas era forçoso reconhecer que sua argumentação tinha o peso da incerteza que nos visitava após o relato de Cusnan. Era um plano com início, mas com meio e fim extremamente duvidosos.

Estávamos divididos. Alguns queriam se lançar sem demora nessa tentativa de fuga, outros ponderavam os riscos e incertezas. Fiquei calado, pensando.

Depois de uma ligeira discussão, Calbot retomou a palavra e solicitou que eu me manifestasse, afinal tinha responsabilidade para com as crianças, e era respeitado por todos.

O momento exigia que eu me posicionasse com clareza, e pensando principalmente em Anna, Tânia e as crianças, estava propenso a aceitar o risco, mesmo porque, conhecendo melhor a Cusnan, sabia que ele tinha bom coração e tudo faria para proteger o grupo nessa empreitada arriscada.

– Reconheço que o plano é arriscado, mas, sinceramente, prefiro arriscar-me e desafiar o general Rastov, ficar mofando neste hotel, que agora é de quinta categoria, e vendo as professoras e as crianças serem arrastadas sabe-se para onde. Nós precisamos dizer ao mundo o que está acontecendo aqui na Terênia. Se estão fazendo conosco este confinamento, podemos imaginar o que está acontecendo pela ruas da cidade.

– Nisso você tem razão, pois Dimitri me contou cenas de perseguição e até de fuzilamentos sumários – interveio Cusnan.

– Mesmo assim – falou Saldy – continuamos com o problema: quem vai nos ajudar quando estivermos fora daqui?

Sim, essa era a questão. Podíamos sair acobertados e despercebidos, utilizando a noite como aliada, contudo, como continuar a fuga? O grupo ficou em silêncio, aguardando uma ideia luminosa, que veio do projetista do plano, o nosso amigo Cusnan:

– Calma, também pensei sobre isso. Convenci Dimitri a procurar contato com algum miliciano nacionalista que esteja ainda solto, ou com algum morador da cidade que tenha coragem para fazer essa segunda parte do plano. Creio que esta noite teremos uma boa notícia.

– Então – arrematei – não percamos mais tempo e preparemo-nos para fugir, pois está sobre os nossos ombros a responsabilidade de darmos uma chance de vida mais digna para essas crianças, e também para o mundo.

Rapidamente a reunião foi dada por terminada, com um pacto de união entre todos nós, vindo Saldy me abraçar, dando sinal de que, apesar de intimamente ainda considerar um ato de loucura o que iríamos fazer, estava conosco, selando assim o plano.

Eu e Cusnan fomos escolhidos para comunicar o plano de fuga às professoras.

Subir os degraus que nos separavam do terceiro andar foi, ao mesmo tempo, doloroso e cheio de esperança. A dor, porque iríamos dizer que colocaríamos a vida delas e das crianças em perigo, mas que também estaríamos doando a elas oportunidade de refazer suas vidas em outro lugar, mesmo que não soubéssemos no momento que lugar seria esse, ou se chegaríamos a algum outro lugar. São os dilemas da vida pedindo-nos decisão, e esta já estava deliberada.

Ao ouvir nosso plano de fuga, Anna ficou nervosa, com receio que algo pior pudesse acontecer, enquanto Tânia recebeu nossas explicações com calma, logo apoiando-nos. É que ela já esperava que o exército tomaria a decisão de nos separar, portanto, a tentativa de fuga soava como música triunfal de um brilhante concerto.

Senti-me novamente atraído a consolar e aconchegar Anna, contrariando meu comportamento dos últimos dias, quando evitei maior aproximação. Continuava com os sentimentos em plena confusão, sem saber como viver ao seu lado, tão perto, querendo que fosse mais perto, contudo criando distâncias, num dilema que me consumia.

Sempre vivera para minha mãe e, depois que ela partira pela porta da morte, vivera para mim e a profissão. Nunca tivera um relacionamento mais sério e, sinceramente, não sabia o que fazer com a situação afetiva que se me apresentava: aceitar o sentimento de amor por Anna, que crescia em meu íntimo e que não podia mais negar, ou lutar para continuar minha existência sem essa entrega?

Para quem não acreditava em Deus e passou a ter fé, para quem escrevia sem compromisso, e passou a defender a justiça, por que não aceitar o amor? Mas eu relutava.

– Você quer me dizer algo? – perguntou Anna.

Lutei para manter meu olhar fixo no seu, e confessei:

– Sim, quero, mas não sei como dizer.

Ela sorriu, um pouco ruborizada, adivinhando-me, talvez, os sentimentos, e encorajou-me:

– Ora, simplesmente diga.

Não, não é tão simples, pelo menos não para mim. É mais fácil escrever uma crônica sobre o amor, ou fazer uma reportagem sobre os sentimentos, do que confessar a alguém que não podemos mais viver sem ela, que necessitamos compartilhar com esse alguém o sentimento do amor.

Creio que Saldy e Tânia se retiraram, não sei ao certo, pois tudo o mais ao meu redor havia desaparecido, à minha frente apenas Anna, sintonizada com meu coração.

– Bem, o que quero lhe dizer é que não se preocupe, eu estarei ao seu lado e das crianças em todos os momentos, nós vamos conseguir!

Não tive coragem de dizer o que estava no íntimo de minha alma.

– Eu tenho certeza disso – respondeu-me Anna.

Seu meigo olhar penetrou-me tão fundo que tive de realizar grande esforço para não demonstrar meu aturdimento. Novamente faltaram-me palavras, e minha vontade era desaparecer o mais rápido possível, mas Anna não permitiu que realizasse essa fuga:

– Mas não era bem isso o que você queria me dizer, não é mesmo?

Minha timidez estava em xeque, lutando contra a coragem, mas aquele olhar penetrante e afetuoso que Anna Lukova me endereçava derrubou as últimas barreiras e, finalmente, externei meu sentimento.

– É verdade, você tem razão, não era isso que eu queria lhe falar. Sabe, desde que a conheci, e não faz tanto tempo, meus sentimentos por você só crescem, sua imagem está nos meus sonhos e meu coração palpita mais forte quando estou ao seu lado. Eu acredito que isso seja o amor, não sei lhe explicar, é um assunto difícil para mim, pois sempre vivi sozinho, dedicado à minha vida profissional ... bem, eu ...

– Você quer dizer que está gostando de mim, que me ama?

– Sim, é isso.

– Pois saiba, Peter Zoldan, que eu também estou gostando de você e que muito desejaria que nos amássemos, e ouvir essa sua declaração só me torna uma pessoa mais feliz. Tenho em mim, desde aquele dia no orfanato improvisado, que já lhe conhecia de outros tempos, e que só estávamos esperando nos encontrar para o desabrochar do amor.

Ouvir essa confissão era tudo o que eu necessitava para superar todas as barreiras íntimas e me declarar em definitivo.

– Sim, também tenho essa sensação maravilhosa de estarmos tendo um reencontro. Não sei explicar isso, mas é como se já lhe conhecesse de muito tempo e a reencontrasse preenchendo meu coração de felicidade. Sim, Anna, eu estou lhe amando e gostaria de partilhar esse amor com você.

Não trocamos mais palavras, pois a emoção nos embalava para selarmos nossa união com um beijo.

Fiquei com a sensação de que nossos corações já estavam unidos para sempre.

Se eu fosse um poeta, saberia descrever os mistérios do amor que embalam a alma humana e dirigem nossos passos para outro ser, contudo, embora não consiga fazer rimas e estrofes em poema idílico, posso escrever que o amor é um sentimento radiante, que faz todo o nosso ser ir da euforia à calma da paz interior: isso é o amor.

UM SONHO
NO MUITO ALÉM

Recolhi-me mais cedo do que costume.

Estava com os pensamentos revoltos, minhas imagens mentais teimando em fixar-se em Anna, ao mesmo tempo em que procurava pensar na fuga planejada.

Como é difícil controlar o pensamento quando os sentimentos estão em ebulição!

Preciso de socorro. O socorro dos poetas, dos romancistas de renome... Preciso de minha mãe! Ela me faz muita falta, sempre fora minha confidente, sempre tivera palavras de consolo, ânimo e, acima disso, palavras de orientação. Mas ela se foi, não está mais presente em minha vida, agora decido meus passos sem ter com quem partilhar as angústias.

Deitado, olhando para o teto, estava com esses pensamentos quando pequena luz chamou-me a atenção.

Virei meu rosto para o lado e deparei-me com a visão de minha mãe. Ela estava vestida como de hábito, encontrando-se de pé, a pequena distância da cama. Seu rosto transmitia calma, e pequeno sorriso dizia do seu contentamento em estar comigo.

– Mãe, a senhora aqui?

Ela não respondeu de imediato. Continuou na mesma posição, olhando-me serenamente. Sentei na beirada do colchão e, meio entorpecido, fiquei aguardando sua palavra.

– Não fique surpreso, meu filho. Nunca deixo de estar contigo. A bondade de Deus permite que eu vele por ti.

Não entendi sua resposta. Sabia que ela estava morta e que, portanto, não poderia estar comigo. Por isso perguntei:

– Como assim, mãe? Não entendi o que a senhora me disse.

– Tenha calma, importante é que estou aqui.

– Mas, como pode ser isso? Como a senhora conseguiu entrar no hotel?

Estava totalmente confuso, sem saber se sonhava ou se a visão era real, o que considerava impossível.

– Meu filho, isso não tem importância. Não está contente em me ver?

– Sim, mãe, claro que estou, é que...

Ela não deixou que completasse a frase. Fez um gesto pedindo-me silêncio e falou:

– Meu filho, estou preocupada contigo, porque sei que um grande momento de tua vida se aproxima, quando terás importante decisão a tomar. Solicitei a Deus permissão para visitar-te, pois muito te amo, para que possa trazer ao teu coração o conforto de uma palavra amiga.

Senti-me com mais ânimo e deixei as palavras fluírem de minha boca, sem receio:

– É bom estar com a senhora. Como sempre, parece pressentir os meus momentos na vida.

– É Deus que o permite, meu filho, mas somente para quem exerce o verdadeiro amor.

Essa afirmação teve o dom de acender em mim a chama da fé. Novamente Deus estava nos meus passos, embora não entendesse exatamente como. De qualquer forma, isso me fazia bem.

Minha mãe retomou a palavra:

– Ouça-me, filho. Quando os próximos momentos se aproximarem, lembra-te que estás diante da vida de outras pessoas. Elas muito esperam de ti, e Deus confia que tomarás para ti a proteção de todas elas. Lembra-te dos meus conselhos? Sempre te disse que um dia necessitarias sair do conforto do gabinete para realizar a verdadeira função que ultrapassa a de um repórter. Esse dia chegou, mas não irás simplesmente anotar informações, e sim, ser o objeto, a sua própria história. Entende o que te digo?

"Sim, claro que entendo", pensei. Coordenar a fuga junto com Cusnan, proteger as crianças, amparar as professoras. Tudo isso era minha responsabilidade. Estaria preparado? E Anna? Não pude evitar o pensamento e ter sua imagem em minha mente.

Olhei para minha mãe, aguardando sua palavra, e ela, com um gesto simples, dirigiu meu olhar para um canto do quarto. Fiquei espantado. Envolvidos numa tênue luz azulada, estavam um homem e, amparada em seus braços, Anna. O homem, belo e simpático, fez um gesto de saudação e falou:

— Deus te abençoe, meu irmão. Não procures entender o que te acontece neste momento, pois o mais importante é ouvir o que temos a te dizer. O amor cobre a multidão dos pecados, e todos nós pedimos-te que deixes desabrochar do teu íntimo essa chama que vivifica a alma. É grande tua responsabilidade, mas tuas forças íntimas são potências que podem fazer-te cumprir com a missão que Deus te confiou. Lembra-te que teu verbo pode renovar o próprio homem, e que tua escrita pode abalar até mesmo os corações mais endurecidos. Essa é a missão que te está confiada.

O homem fez uma pausa, como a deixar que eu pensasse um pouco sobre suas palavras, e encerrou sua fala de modo enigmático:

— O amor verdadeiro é sempre sublime, e mais sublime ele é quando faz da renúncia alavanca para a conquista das glórias da alma.

Nesse momento, o homem, talvez um anjo vindo do céu, trouxe Anna para perto de mim, e ouvi de seus lábios o que já estava escrito em meu coração:

— Peter, eu te amo, mas compreendo a necessidade maior de sua missão. Não se preocupe, pois estaremos sempre juntos. Não é isso o que acontece quando se ama verdadeiramente?

Tive o impulso de levantar, mas minha mãe, com um gesto, conteve-me. A imagem de Anna foi se desfazendo, assim como daquele homem que mais parecia um enviado dos céus, e fiquei ali, sentado, sem saber o que dizer. Como é triste não encontrar palavras, não concatenar ideias, não conseguir exprimir os sentimentos, principalmente quando se é um escritor. Que estou dizendo? Deve ser o delírio provocado pela ilusão. Eu, escritor?

– Sim, meu filho, és um escritor, e que tuas palavras sejam sempre abençoadas, promovendo o bem para todos.

Enchi-me então de coragem e indaguei:

– Mãe, o que está acontecendo? Estou tendo um pesadelo?

– Não, meu filho, está apenas tendo contato com a realidade imortal da vida.

– Como assim, não compreendo.

Minha mãe sorriu e, sem mostrar impaciência, explicou-me:

– Para você, é verdade, estava morta, mas não para Deus e para a vida, pois em verdade a morte não existe, ela é apenas uma porta que nos permite entrar na vida espiritual. Isso mesmo, meu filho, a morte não existe, a não ser do próprio corpo, que mais correto seria dizer que ele se dissipa na natureza para gerar outras vidas, enquanto a alma, ou espírito, que é o que somos, continua viva, liberta do fardo material, pensando, agindo, trabalhando, mas em outra dimensão. Entende o que te digo?

Para mim tudo tinha um misto de novidade, embora não fosse um leigo sobre o assunto, mas, digamos, nunca havia me interessado por essas questões de espiritua-

lidade e possível vida depois da morte.
– Então a senhora realmente está viva, não morreu.
– E mais do que isso, continuo a amar-te e a fazer por ti o que me é possível. Não tens sentido a presença de uma sombra, de um alguém invisível? Não tens tido pensamentos que percebes não serem os teus e vindos não sabes de onde? Pois bem, pela misericórdia divina, eu e Arquimedes, o companheiro que te falou há pouco, temos agido em teu benefício.

Minha mãe, um espírito, uma alma que continuava a viver, uma realidade, por assim dizer, palpável, concreta. Mil perguntas fervilharam em minha mente, mas não pude formulá-las, pois minha mãe novamente fez o gesto que me indicava calar, e, docemente, encerrou nossa conversação:

– Por ora, chega. Voltes a dormir e recorde, pela manhã, este belo sonho. Deus te abençoe e até breve.

E como chegou, partiu.

Ó grande Tolstói, perdoa este pobre escriba que imerecidamente recebeu uma missão divina, quando nem crença firme possui sobre a divindade.

Foram meus últimos pensamentos antes de mergulhar na escuridão do sono.

FUGINDO NA ESCURIDÃO

Nada acontecera durante a madrugada, e o novo dia passou sob enorme tensão, com todos sobressaltados por menor que fosse a movimentação. Mas nada de diferente ocorreu. Entretanto, estamos prontos, a fuga será esta noite. Foram horas muito difíceis para mim. O sonho, ou ilusão, não sabia como classificar o acontecimento. Estava tão nítido que parecia revivê-lo a cada momento.

Renunciar a quê? A pergunta era insistente e todas as vezes que olhava para Anna, ou com ela conversava, sentia um frêmito e um aperto no coração, como se algo me segredasse que essa renúncia se referia a quem eu não podia mais esconder de mim mesmo.

Pela primeira vez na vida eu amava. Mas, as circunstâncias não eram favoráveis. Proteger todas as vidas e sacrificar-me por elas era o impositivo, e eu sabia disso. E sabia também que não poderia renunciar ao jornalismo. Uma força invisível vinha projetando em meu pensamento cenas e mais cenas de crônicas, reportagens, escritos de teor humanitário, e via-me escrevendo e publicando sem cessar. Seria ação daquele anjo ou de minha mãe? Mas quem disse que acredito em anjos e almas do outro mundo?

A hora da fuga se aproximava, todos estávamos apreensivos, aguardando a confirmação de Cusnan.

Instintivamente procurei por Anna. Ela estava na escada de acesso ao terceiro andar. Sentei ao seu lado.

– Nervosa?

– Um pouco, e você?

– Apreensivo e querendo lhe falar algo que estou adiando há vários dias.

– Então, se é assim, fale agora.

Como ela podia ser tão simples e objetiva? Será que um dia conseguirei essa simplicidade e objetividade em meus escritos?

– Gosto muito de você – disse, finalmente.

Ela sorriu, suas faces ruborizaram, e colocou minhas mãos entre as suas.

– Também gosto de você.

Se pudesse, eternizaria esse momento, mas a realidade era completamente outra.

– Talvez não possamos ficar juntos – disse-lhe com certa amargura.

– Sei disso, o momento é grave, mas não é hora de pensar no pior.

A verdade era que sentia um grande amor por Anna, que minhas palavras do dia anterior só tinham dado pálida ideia, mas algo me dizia que os caminhos seriam outros.
– Não estou pensando no pior, acredito que tudo vai dar certo, mas não sei se poderemos ficar juntos.
Anna dirigiu-me um olhar de resignação e, após uma breve pausa, deu-me a resposta que tanto aguardava:
– Se esse tiver que ser nosso destino, o amor será a senha que sempre nos unirá.
Sim, era isso. Se não pudéssemos ficar juntos agora, depois, com o tempo, poderíamos nos unir, em outras circunstâncias, mais favoráveis.
Nesse momento surgiu Cusnan, e nos chamou:
– Vamos, Zoldan, é agora.
– Está tudo pronto?
– E melhor do que poderíamos imaginar. Dimitri conseguiu a cooperação de um morador da cidade, e vamos sair daqui direto a um galpão onde nos espera um caminhão. Vamos pegar uma estrada periférica e ir direto para a fronteira.
Minha alegria foi tão grande que deixei toda e qualquer pergunta de lado. Todos nos preparamos e, por volta das dez horas da noite, saímos do hotel e notei que a praça Tchaikovsky estava deserta, sem viva alma, o que me levou a desconfiar de uma emboscada. O silêncio calava nossas bocas e, se fora possível, a negritude da noite registraria o compasso acelerado de nossos corações. Andamos por dois quarteirões, uma caminhada que me pareceu longa e pesada. Qualquer canto mais escuro chamava-me a atenção, como se esperasse dali

sair um soldado a nos dar voz de prisão, até que vislumbrei na penumbra o soldado Dimitri a nos acenar. Nós o seguimos e entramos em pequeno galpão onde um velho caminhão militar nos aguardava.

– Como vamos fazer para sair da cidade? – perguntei.

Com firmeza, Dimitri informou:

– Não se preocupe, tomei todas as precauções para fazermos uma rota alternativa por ruas periféricas e, como a guarda nacionalista foi totalmente desmontada, houve relaxamento nas barreiras, que vamos evitar sem problemas, até porque o exército está concentrado em outra frente, do lado oposto ao que vamos seguir.

Acomodamo-nos no interior do caminhão da melhor maneira possível e seguimos pela avenida Prokofiev. No volante estava um ex-miliciano nacionalista e ao seu lado nosso mais novo amigo, Dimitri, nesse momento transformado em herói da nossa liberdade.

Tudo acontecia muito mais fácil do que imaginara. A cidade parecia deserta. Segundo o que rapidamente nos informara Dimitri, grande movimentação de tropas se deslocando para fora de Grancy havia acontecido nos últimos dois dias, e em direção oposta à nossa. Estávamos realizando a fuga por região pouco afetada pela guerra, um verdadeiro oásis nas terras conturbadas da Terênia.

Viajamos durante toda a madrugada, numa velocidade média, em estrada de mão dupla que nos levava ao interior do país, e sem encontrar uma única barreira militar. As crianças ficaram aconchegadas entre os adultos, e Anna adormeceu ao meu lado, com a pequena Ilyuma no colo.

Quando finalmente paramos, os raios solares anunciavam um dia de céu aberto e quente. Havia sido uma madrugada gelada, talvez umas dez ou doze horas de viagem, mas quem se importava com isso? Importante era assistir ao espetáculo da claridade solar descortinando a natureza exuberante que nos rodeava. Quando descemos reconheci estarmos numa estrada de terra batida, no meio de plantações e bosques. Eu e Saldy indagamos de Dimitri onde estávamos.

– Estamos seguros, não se preocupem. No final desta estrada, e com um pouco mais de caminhada, encontraremos a fronteira, mas não podemos seguir com o caminhão, teremos de fazer o resto do caminho a pé. Esta região é pouco vigiada, pois aqui não tivemos batalhas, não houve insurreição nacionalista, e pela frente nos aguardam cerca de três horas a pé, até cruzar os marcos que nos separam da liberdade.

Entendi que ele, Dimitri, não poderia voltar, era agora um desertor.

– E não corremos risco de sermos presos? – perguntei.

Eu e Saldy olhávamos fixamente para seu rosto, tentando captar em sua expressão facial sinceridade ou falsidade.

– Até onde sei, não há patrulhamento ostensivo desta faixa de fronteira, mas é claro que corremos risco de encontrar um destacamento do exército fazendo ronda, contudo, acredito que quem chegou até aqui não pode mais recuar.

Acreditei em sua sinceridade e o agradeci com um aperto de mão.

Começamos a marcha, todos se amparando, por uma

trilha no meio da mata.

No início tudo transcorreu sem sobressaltos. Nossa apreensão era grande, mas estávamos determinados a alcançar a fronteira, prontos para superar qualquer obstáculo que a mata nos oferecesse. Segundo Dimitri, e até onde ele sabia, o território em que nos encontrávamos pouco havia sofrido diretamente com a guerra, mas tudo levava a crer que a região já estaria ocupada pelo exército comandado por Rastov. Haveria as fatídicas minas terrestres, flagelo oculto conhecido por ceifar e mutilar vidas? E se não as encontrássemos, e nem mesmo cruzássemos com soldados deste lado da fronteira, conseguiríamos entrar no país vizinho? E se fossemos barrados, por quem iríamos implorar socorro?

Essas dúvidas me faziam suar em abundância e desconfiar de cada sombra, de cada graveto seco estalando sob nossos pés. Anna apertava minha mão, e eu a sentia extremamente nervosa, contudo, ela não deixava de cuidar atentamente das crianças. Tânia, Cusnan e Saldy nos dirigiam olhares furtivos, aprovando nossa união que, depois fiquei sabendo, já esperavam acontecesse.

O sol aquecia nossos corpos e provocava sede. Tudo o que tínhamos era prioritariamente das crianças. Os adultos se submetiam a um racionamento forçado.

Então o silêncio foi quebrado depois de mais de três horas de marcha. Uma patrulha do exército nos avistara e vinha em nosso encalço. Correr era a única coisa a fazer. Coloquei uma criança nos ombros e dei mão a outras duas, e saímos velozes, com Anna e mais duas crianças, desviando das balas que nos atiravam. O grupo dispersou e perdi de vista meus amigos.

Foram minutos que pareceram horas eternas. Alcancei um marco de madeira com algumas inscrições, e logo entendi que ele indicava o limite territorial da Terênia com o país vizinho. Era a liberdade! Meus pés agora empoeiravam-se de uma nova terra, mas não era possível parar. Mesmo que aos tropeços e quedas, era preciso ficar longe da fronteira e encontrar abrigo. Enquanto tive forças para carregar as crianças continuei correndo, até que, exausto, quedei-me ao chão. Ofegante, olhei para trás e percebi que estávamos fora de perigo, os soldados não haviam atravessado o marco fronteiriço. As três crianças estavam bem, pelo menos não estavam feridas, assim como Anna e as outras duas crianças, mas onde estariam os outros? Aos poucos fomos nos reencontrando e, para minha felicidade, estavam todos bem, menos a pequena Ilyuma, que Saldy trazia no colo, já sem vida. Tânia e Anna, ao verem o acontecido, caíram de joelhos em pranto doloroso, e o canto de felicidade pela liberdade ficou embargado em nossas gargantas.

Senti as lágrimas molharem minha face e fiquei sem ação. Não sabia a quem consolar, o que dizer, o que fazer. Minha salvação, mais uma vez, foi Calbot que, enérgico, embora lamentado a morte de uma criança, a todos acalmou e mostrou-nos que precisávamos reunir as forças para continuar a caminhada, pois faltava pouco para sermos resgatados e sairmos daquele lugar inóspito. Cusnan carregou a pequena Ilyuma.

Decidimos continuar a caminhada até encontrar abrigo, tomando maior distância possível da fronteira.

E como é difícil desvendar os mistérios que fazem nos aproximemos de alguém. Não conseguia deixar de estar próximo a Anna, como se uma força magnética mais poderosa que minha força de vontade me impelisse para o seu calor, o seu contato, o seu olhar. Minha justificativa íntima era a necessidade de lhe auxiliar no controle e atendimento das crianças, como se essa explicação aplacasse o sentimento do amor, que eu continuava teimando por não aceitar completamente.

Quando desviava o olhar para o grupo, meus ouvidos davam atenção às conversas, e percebia o quanto estávamos unidos no propósito da liberdade. Todos se ajudavam. Comecei a viajar em pensamento, 'ouvindo' uma orquestra executar maravilhosamente Rachmaninov,[16] um dos meus compositores prediletos. Era um hábito cultivado desde a juventude, sonhar acordado com a música, construindo imagens e variações melódicas, embalando ideias e realidades. Sempre me sentia muito bem nesses momentos.

Despertei desse sonho quando avistamos no horizonte o que parecia ser um vilarejo banhado pelo alvorecer, com seu casario convidando para o repouso seguro. Finalmente a liberdade seria consolidada, e a alegria nos embalou em abraços comovidos.

E, de repente, Dimitri tombou. Um estampido forte feriu o ar e abriu o peito do nosso libertador. Um corpo

---

[16] Sergei Vasilievich Rachmaninov (1873-1943), compositor e pianista russo, considerado à sua época um virtuose brilhante, sendo um compositor que transitou entre o clássico e o modernismo, tendo vivido parte de sua vida nos Estados Unidos.

inerme coloria de vermelho o chão de terra, e o terror da guerra voltou a me estremecer. Soldados apareceram como por encanto e ficamos cercados de fuzis ameaçadores. Não eram milicianos nacionalistas, nem tão pouco do exército de Ivan Rastov, mas soldados do país que invadíramos na ânsia de encontrar a liberdade. Então me lembrei que Dimitri ainda utilizava o uniforme de soldado. Morrera não pelo que era, mas pela roupa que usava. Quando vamos compreender que o homem não é o que aparenta ser ou ter?

Nossa comunicação foi dificultada, pois o país era islâmico e ninguém do nosso grupo sabia falar a língua que os soldados utilizavam, assim como eles não falavam nada além do próprio idioma. Contudo, a presença de crianças e mulheres, e depois de muita gesticulação e algumas palavras que se fizeram relativamente entendidas, fomos conduzidos para o vilarejo antes avistado, possível porto seguro de nossa jornada.

Nesse momento nossa caminhada silenciosa transformara-se em cortejo fúnebre. O corpo de Dimitri seguia carregado pelos soldados, e a alegria de antes era agora uma pesada dor. Percebi que Cusnan, discretamente, chorava a perda do novo amigo. Como esse fotógrafo grandalhão se transformara! Da sua alma saíra nos últimos dias um outro homem, mais humanizado, com mais sentimento. São os mistérios da dor, que não vejo mais como inimiga, mas como abençoada educadora de nossas vidas.

As crianças não derramaram uma única lágrima, como se estivessem entorpecidas, anestesiadas pela dor e o sofrimento, ou, talvez, por estarem demasiadamente acostumadas ao trágico quadro da morte provocada pela insânia humana. Pela primeira vez fiquei sinceramente preocupado com o futuro dessas milhares de crianças em permanente estado íntimo de terror, vítimas das mais diversas guerras nos quatro cantos do planeta. Onde eu estive, durante as duas últimas décadas como jornalista, que nunca reparei essa realidade?

Quando entramos pelas ruas da pequena cidade percebemos sorrisos nos rostos de seus habitantes, que reconheciam tratar-se de um grupo de refugiados. Senti-me aliviado quando o oficial encarregado entendeu nossa situação e nos reconheceu como correspondentes internacionais graças à documentação que portávamos. Depois de tanto tempo no horror da guerra, de acordar no susto das explosões, de incorporar aos hábitos atitudes militares, e de sofrer uma prisão injusta, sentia-me aliviado em poder conversar livremente, em não ter medo de ficar na rua.

Depois das explicações necessárias, fomos encaminhados ao administrador da pequena cidade, que nos acomodou provisoriamente no prédio sede da administração pública, providenciando contato telefônico com a capital. Era uma questão de horas para sermos resgatados e ter início nossa repatriação.

– Nem num parque de diversões mais sinistro passei por tantos apuros – comentou-me Cusnan, com o rosto ainda transtornado.

Refleti por um instante e lembrei-me de Dimitri e Ilyuma.

– Sim, Cusnan, não posso esquecer que perdemos

aquele que nos permitiu a liberdade e aquela que era um símbolo de ternura e inocência.

– É verdade, Zoldan, o destino foi muito cruel com o Dimitri, mas ele era um soldado, e você sabe que o soldado, para cumprir seu dever, sempre coloca a vida em risco. Mas Ilyuma...

Ele não conseguiu terminar o pensamento, a emoção e a dor eram mais poderosas.

Não tinha como contra-argumentar, era uma verdade, então procurei mudar o rumo da conversa:

– Bem, meu amigo, importante é que conseguimos, e olha que alguns de nós achávamos sua ideia uma maluquice.

Nos abraçamos, envolvendo também Saldy, que se encontrava próximo.

Nesse momento Calbot chegou junto de nós e brincou:

– Vocês são mesmo a melhor equipe de trabalho que já conheci, apesar das confusões em que nos colocam.

Procuramos rir e nos abraçamos, contagiando os demais. Confesso que um peso saiu de minha alma e chorei de emoção.

As crianças estavam mais alegres e a vida tinha outro sentido, bem mais profundo do que vislumbrava e sentia antes de chegar na Terênia. Minha vida estava mudada, eu não era mais o Peter Zoldan de outrora, mas uma nova pessoa, mais sensível, mais humana. Acredito que a minha mãe, onde quer que esteja, deve estar contente com minha mudança.

Entretanto, o momento crucial era agora. Com a chegada das autoridades e o início dos procedimentos para nosso reencontro com o mundo, sabia que nós tínhamos destino certo, ou seja, o retorno aos nossos países. Mas e Anna? E Tânia? E as crianças? Num primeiro impulso quis ficar ao lado delas, mas ouvi no meu íntimo as recomendações de minha mãe e daquele ser misterioso, e não pude tomar uma decisão. Coração e razão se chocavam em luta interior, e a dúvida estava instalada na alma.

Anna veio ao meu encontro, como antigamente fazia minha mãe, colocando em ação essa sensibilidade que nós homens não possuímos, ou não deixamos desabrochar por teimosia do orgulho, e sua palavra ao mesmo tempo amorosa e firme fez cessar o vulcão que ameaçava explodir em meu peito.

– Peter, não se inquiete. É inevitável nossa separação. Até que as autoridades resolvam nosso destino, você deve voltar para seu país e continuar seu trabalho. O que sinto por você será meu sustento até o dia em que pudermos nos reencontrar.

– Mas não devia ser assim. Vou intervir junto às autoridades e organismos internacionais para que vocês possam seguir o mais breve possível para...

– Não, não diga isso – e colocou seus dedos em meus lábios, calando minha voz.

Repetindo seu gesto de colocar minhas mãos entre as suas, continuou serenamente a me esclarecer:

– Você tem uma missão muito importante que é despertar as consciências através da mídia, e eu tenho muito trabalho a fazer na educação das novas gerações.

Somos de mundos diferentes e temos missões diferenciadas, mas trabalhamos por amor. Acredito que esse amor maior deve nortear nossos passos e devemos nos resignar com esse destino, pois ele é mais glorioso do que se a tudo isso renunciássemos para ficarmos apenas um com o outro.

Fiquei atônito com suas palavras e sua capacidade de abrir mão do nosso amor por um amor maior aos outros. A muito custo controlei minhas emoções e, sem perder as palavras como antes acontecera, finalmente confessei-me, amante das letras enamorado que redigia com a voz a crônica mais importante de toda sua existência:

– Eu amo você, essa é a verdade. Não posso retirar de mim a desilusão que suas palavras me trazem, mas ao mesmo tempo esforço-me por compreendê-las. Sei que no momento as dificuldades para ficarmos juntos são muitas, pelo menos não teremos condições imediatas de uma melhor solução. Se você me promete esse amor como um elo de união, eu também lhe prometo amar e aguardar que o tempo nos una. Afinal, sempre vivi sozinho e não será agora que vou perder a oportunidade de reconstrução de mim mesmo.

Por um momento ficamos sem palavras, abraçamo-nos com a certeza que nos amávamos, selando esse sentimento com um longo e terno beijo, e somente isso importava. Com muito esforço, tendo as fibras mais íntimas de minh'alma sensibilizadas, e fixando meu olhar naqueles olhos tão expressivos, que pareciam dizer-me coisas do sentimento que as palavras não podem traduzir, finalmente consegui retomar nosso diálogo.

— Eu entendo sua renúncia, Anna, mas ela será apenas por um tempo. Não vou deixar que você, Tânia e as crianças fiquem sozinhas neste país estranho, ou que sejam deportadas de volta para a Terênia. Vou utilizar todos os meus conhecimentos para levá-las para a Europa, fique certa disso. Enquanto isso, temos que encontrar alguém que lhes proteja e seja a ponte entre nós.

Essa pessoa já estava em minha mente. A esposa do administrador, pessoa simpática, afável e acolhedora, mostrara-se muito articulada e interessada em nossa história e destino, e parecia-me a melhor indicação. Informei Anna desse meu intento e ela concordou plenamente. Então ficamos acertados quanto à nossa separação momentânea, mantendo contato periodicamente, até que pudéssemos nos reunir. Decidimos abrir imediatamente processo perante as autoridades para que elas pudessem permanecer e se instalar no país como refugiadas de guerra, o que me deixaria mais tranquilo, e assim fizemos e, enquanto os trâmites legais seguissem, eu e meus amigos retornaríamos para nossos países dando continuidade ao trabalho jornalístico.

Sim, eu voltaria para minha redação e clamaria para a humanidade contra os horrores da guerra e a necessidade de entendimento entre os homens e as nações. Ela voltaria para a sala de aula e educaria as crianças e os jovens para serem homens e mulheres que se amam, que se entendem e que constroem um mundo novo, justo e em paz. Manteríamos contato e, com minha gestão junto às autoridades governamentais e organizações internacionais, assim que fosse possível estaríamos juntos.

Nos despedimos e gravei em minha memória sua saída com os últimos acenos, e ao meu lado senti a doce e terna presença de minha mãe. Sinceramente, não posso crer em fantasmas, deve a alma existir, pois uma assombração jamais me faria sentir tão feliz e consolado, e assim, com esse pensamento, aguardei a hora da partida, não como num velório, mas como num 'até breve', até o reencontro.

A SUAVE LUZ
DO AMOR

A VIAGEM DE retorno à minha pátria foi, de certa maneira, ao mesmo tempo alegre e triste. Pela janela do avião não via simplesmente o céu azul com suas majestosas nuvens brancas, antes assistia a um filme com cenas transparentes, projeção das minhas recordações vividas na Terênia consumida pela guerra. Recordei os momentos difíceis, tensos e também os momentos felizes dos encontros com Anna.

Todos nós, da equipe de trabalho, estávamos calados, emudecidos pelas emoções. Saldy e Cusnan sentados ao meu lado, mas não trocávamos palavras. E que palavras poderíamos utilizar para expressar o próprio íntimo? Como traduzir o emaranhado de emoções que nos agitavam?

Lembrei-me das crianças e o rosto de cada uma balançou solto, suave, entre as nuvens. Como estariam?

E como estariam todas as outras crianças perdidas por este mundo?

Essas visões e pensamentos consolidaram em mim a vontade de trabalhar de forma diferenciada do que até então havia feito. Não mais um analista e cronista imparcial, um tanto frio e indiferente, mas um amante da escrita mais ativo, participativo, mais humano.

Sonhei e, discretamente, chorei. Lágrimas que não podia conter aqueceram meu rosto, e prometi a mim mesmo ser outra pessoa dali a diante, e prometi também a esse Deus que encontrara mesmo onde a dor e a aflição campeavam majestosamente, pois havia aprendido que a fé e o amor tudo podem transformar.

Por que não podemos nos entender, colaborando para a união e a paz? Por que teimosamente cultivamos o egoísmo e o orgulho? Até quando a força militar será nossa medida nas relações internacionais?

Ó homem, quanta covardia nos atos de guerra, quanta presunção. E ainda rimos das dores alheias, esquecidos de que essas mesmas dores um dia poderão nos afligir de modo mais violento, pois as consequências dos nossos atos nos visitarão, e então experimentaremos o remorso, a dor mais pungente que pode existir, pois é a dor moral da qual não temos como nos refugiar.

É exatamente o que sinto.

Estou de volta à minha redação. Preparo-me para escrever a primeira crônica do pós-guerra. Ao meu lado está o retrato de Anna, tirado na última hora, graças à gentileza de um morador daquele vilarejo e à presteza de Cusnan, que fez questão de registrar nossos últimos momentos.

Ela está com aquele olhar meigo que tanto me marcou e sinto seu abraço como se ele estivesse ocorrendo agora. Quando penso em Anna não vejo a guerra, pois um sentimento maior me aquece e leva meus pensamentos para imagens felizes do nosso encontro e das nossas promessas.

Meus dedos correm sobre o teclado e escrevo sobre o amor. Não é um tema comum para mim, mas é, definitivamente, um tema necessário. Assisti e vivenciei os horrores de uma guerra gerada pelo ódio e, ao mesmo tempo, senti o desabrochar do amor, descobrindo que esse sentimento floresce em qualquer circunstância, e é mais forte que o mais forte dos exércitos.

Quando os homens aprenderão a se amar, no lugar de tanto se odiarem?

Quando aprenderão a sentir a suave música do amor?

Quando aprenderão a se sensibilizar com a beleza poética do amor?

Não sei, não tenho resposta para essas indagações, mas sei que devo fazer minha parte escrevendo, escrevendo muito para que os homens possam entender que o caminho do amor nas relações humanas é o melhor caminho.

Do *bunker* de Grancy para a moderna redação jornalística, a diferença maior não é a tecnologia. Eu estou diferente, sou um novo homem, renovado por dentro, com nova visão sobre a vida. Isso é o resultado do amor que me penetrou, que me sensibilizou, que me humanizou.

A suave luz do amor aquece uma nova vida e acredito que amanhã será um novo dia para todos os homens e mulheres que acreditarem na força que move e envolve tudo o que existe.

Não apenas esse amor que une duas pessoas, mas o sentimento que abre o coração para as grandes empreitadas da libertação de nós mesmos. Para isso é preciso aprender a renunciar ao nosso egoísmo e espero que não seja preciso passar por experiências tão dramáticas e dolorosas para que possamos ter esse aprendizado e essa certeza.

Você sabe, meu caro leitor, o quanto me sinto estranho quando não consigo encontrar nas ruas as placas indicando onde me encontro, pois isso me dá uma sensação de vazio, de não identidade, pois bem, agora que já me encontro em nova fase, luto por mudar esse hábito, procurando andar com maior despreocupação e dirigindo meu olhar mais para as pessoas do que para as coisas que nos cercam. Não pense que é fácil mudar um hábito tão antigo. Exige muita luta íntima e substituição do velho Peter pelo novo Zoldan, mas é possível, como em tudo é possível nos renovarmos.

Eu e Anna, acredito sinceramente, estaremos juntos para construir um novo dia em nossas vidas, e também nas vidas de todos aqueles a quem pudermos influenciar. Um novo dia de esperanças a conduzir eternamente nossas vidas para a felicidade.

E dirijo meu olhar para a janela próxima. O dia está

claro, o céu salpicado de nuvens, os raios solares penetram nas entranhas da terra, e eu medito sobre todos os acontecimentos dos últimos meses, antes de reiniciar a dança dos dedos no teclado do computador. O que o futuro me reserva? Construirei uma vida ao lado de Anna? Não, não tenho respostas, mas lá no fundo do meu coração, saindo das profundezas da minha alma, tenho uma certeza: descobri o amor, descobri que esse sentimento é capaz de tudo transformar, e que com ele não precisamos de ódios e guerras.

E as palavras surgiram, a crônica será publicada, e o amanhã, com certeza, será outro, e se renovará em esperanças, a cada novo dia.

E penso sobre a esperança, e concluo que ela é um ato de fé num poder maior, transcendente ao viver humano, poder sobre o qual temos provas no estudo do universo e da natureza, pois se nós, homens, pouco compreendemos e menos ainda dominamos os arcanos do macrocosmo e também do microcosmo que nos cerca, como não admitir que algo está no comando? Sim, eu sei, passei muitos anos de minha vida sem pensar nisso, e até mesmo desdenhando da crença em Deus, mas a esperança que se acendeu em minha alma levou-me a outra visão do existir. Mas, como explicar a esperança e a fé através do sentimento? Esse sentir profundo que não cabe nas palavras? O que sei é que senti florescer a esperança em meu coração naqueles dias de sofrimento. Uma fé brotou inesperadamente no coração quando minha crise emocional atingiu o seu ápice, e a procura por respostas me fez deslumbrar portas que eu nunca antes enxergara.

Muitas dúvidas ainda assomam em minha mente e não tenho resposta para grande parte das inquirições, mas tenho certeza de que fé e esperança andam de mãos dadas e que elas já se encontram conosco, dormitando lá no fundo da alma, aguardando o momento certo para eclodirem. Algumas pessoas quase de nada precisam para despertá-las do profundo sono, outras, como eu, necessitam do aguilhão da dor, da incerteza, para tirá-las da hibernação em que se encontravam. Contudo, e isso já é para mim uma certeza, uns e outros, através do amor ou da dor, cedo ou tarde terão o encontro com o despertar dessas duas virtudes que caracterizam as pessoas normalmente religiosas, ou que têm visão profunda e dilatada sobre a vida.

Posso-me dizer um religioso? No sentido de ser crente e seguidor de alguma doutrina, certamente não. Mas, no sentido da religiosidade, sim, posso me afirmar como um homem religioso, de alguma fé. Sem culto, sem bandeira, mas sem nenhuma dúvida religioso.

Os olhares de meus colegas repousam sobre mim. Devem perguntar: quem é esse Peter Zoldan que voltou ao trabalho? Com certeza não é o mesmo que conhecíamos, está diferente. Ora, e que me importa o que pensem os outros, se minha consciência agora está leve como a brisa e desfere o voo harmonioso que antes pertencia apenas aos homens de espírito?

A REALIDADE
DOS SONHOS

Depois de alguns meses, com Anna e Tânia aconchegadas no novo país como refugiadas de guerra, finalmente recebi a notícia de que elas haviam assumido oficialmente nova cidadania e, portanto, estavam livres. Também as crianças tinham sua documentação regularizada, sendo levadas para adoção por novas famílias. Foi com imenso contentamento e com lágrimas de felicidade que pude, ao cair da tarde, conversar ao telefone com aquela que morava em meu coração e com quem agora eu vislumbrava a possibilidade de, finalmente, ficar junto. Embora um pouco receosa, mas com o firme apoio de Tânia para enfrentar o mundo europeu, combinamos de iniciar os trâmites para sua viagem, acompanhada da inseparável amiga, que sonhava igualmente em refazer a vida em outras plagas.

Cheguei em meu apartamento radiando felicidade, e ao sentar-me no sofá sem saber exatamente o que fazer, pois a ansiedade havia tomado conta de todo o meu ser, fui assaltado por uma experiência inusitada. À minha frente, vindo não sei de onde, lá estava ela, minha mãe, igualmente feliz, saudando-me. Ao seu lado, aquele outro ser, que ela nomeara por Arquimedes, também irradiando contentamento. Pareciam-me dois seres de luz, dois anjos que vinham do céu à Terra. Caí de joelhos, em pranto, tão grande era minha emoção, sem articular uma única palavra. Aquela luz aquecia minh'alma e ao mesmo tempo paralisava-me, colocando-me em estado de paz que poucas vezes havia sentido.

Minha mãe, com voz suave e ao mesmo tempo firme, dirigiu-me a palavra:

– Levanta-te, meu filho, não somos dignos de tua veneração. Aqui nos encontramos para felicitar-te, trazendo-te ao coração nosso apoio para tuas novas resoluções, e para hipotecar nossa inspiração e auxílio para que mantenhas a disposição de renovação íntima e ajuda à humanidade.

Já em pé, balbuciei como um menino:

– Sua bênção, minha mãe.

Ela sorriu e retrucou:

– Nada tenho de mim mesma, que sou um espírito em aprendizado, para poder te abençoar, mas posso rogar ao Pai Eterno que o abençoe e, tenha certeza, Ele já o faz desde todos os tempos.

Sem entender o fenômeno que se desdobrava à minha frente, mas com coragem para desvendar o véu do

mistério, inquiri:
— Mãe, então é verdade que a vida continua depois da morte?
— Sim, meu filho.
— E que vivos e mortos podem se comunicar?
— Muito mais do que supondes, mas, antes, não nos chameis de mortos, pois estamos mais vivos do que nunca. A vida pós-morte do corpo é apenas continuidade do existir, trazendo-nos novos aprendizados e possibilidades de progresso.
— Tudo isso é muito novo para mim, com o que nunca tive preocupação. Sempre pensei que a vida iniciava no berço e terminava no túmulo. Era indiferente ao assunto, mas agora...
Os dois manifestaram um leve sorriso e minha mãe retomou a palavra:
— Mas agora tuas preocupações vão além da matéria, do viver por viver, o que te incomoda, porque provoca uma crise de valores, mas não te preocupes, aos poucos acomodarás as novas informações ao teu conhecimento, e tudo passará a ser natural, como de fato é.
— Os sonhos que ultimamente andei tendo, parecendo tão reais... Então era tudo verdade?
— Sim, muitas vezes estivemos contigo aproveitando teu repouso físico necessário, quando pudemos inspirar-te boas ações e orientar-te quanto ao proceder, mas sempre respeitando teu livre-arbítrio, nunca impondo, antes convidando-te ao bem e ao amor, únicos caminhos que nos aproximam de Deus.
Diante dessas informações, tão novas para mim, fi-

quei mentalmente envolto num turbilhão de pensamentos, tentando selecioná-los para fazer novas indagações, mas minha querida mãe, de quem tanta saudade tinha, adiantou-se e informou:

— Filho, não temos todo o tempo do mundo para ficarmos em conversação. Tuas dúvidas serão esclarecidas pouco a pouco e eu, com autorização de meus superiores, te auxiliarei a encontrar as respostas. Agora, ouve nosso irmão Arquimedes, a quem muito devo pela generosidade deste nobre coração que, condoído de tua história, tudo fez ao seu alcance para que bem aproveitasses as lições da vida.

Só então dirigi mais atentamente meu olhar a esse espírito. Tinha o porte nobre e vestia-se de forma muito simples, parecendo um homem de meia-idade dotado de bom senso e espiritualidade.

— Peter, fui procurado por tua mãe que, com o coração opresso, preocupada com teus passos na existência terrena, solicitou-me interviesse em teu auxílio, o que foi permitido pelo nosso mestre Jesus, aquele a quem devemos o amor derramado sobre o mundo. Associando-me à tua mãezinha foi possível levar-te a novas resoluções, mas, isso não quer dizer que deves a mim ou a ela qualquer gratidão, pois de nós nada temos, antes agradeça ao Mestre dos mestres, que, em amando todos os seus irmãos, vela por todas as ovelhas da criação divina. Tuas disposições íntimas, que já agasalhavam preocupações de ordem superior, face ao tédio que te visitava, facilitaram em muito nosso pequeno e despretensioso auxílio. E são essas disposições, com a força da fé e o amparo da esperança, que deverás cultivar, pois toda renovação enfrenta sempre oposição e obstáculos, mas se fores perseverante, sairás vencedor, tornando-te um homem novo. Não te afastes da espiritualidade e das lições do Evangelho, e teus vindouros dias serão ditosos, apesar dos percalços, que fazem parte de qualquer jornada.

Absorvi cada palavra como um aluno que sorve, extasiado, as lições de seu mestre. Tudo fazia sentido, mas eu não conhecia o Jesus que me era apresentado, a não ser vagamente, dos antigos sermões ouvidos nas missas, quando, entre a infância e a adolescência, houvera acompanhado minha mãe. E o que dizer do Evangelho? Era letra sem espírito para meu ser. Embora nada fluísse de minha boca, Arquimedes, para minha surpresa, pareceu ler meus pensamentos, ao responder-me:

— Sim, meu amigo, ninguém pode compreender o Evangelho de uma hora para outra, mas todos podemos aprender suas lições ao abrirmos sinceramente o coração para a canção do amor que encerram. Lê, estuda e medita. Olha o mundo ao teu redor, em que andam de mãos dadas a riqueza e a pobreza, o amor e o ódio, a justiça e a indiferença pedindo amparo uns, e correção outros. Somente o Evangelho, entendido e vivido na forma do bem e da caridade, pode mudar essa paisagem mesclada, inaugurando nova fase para a humanidade. Não creias que as mazelas que vivestes recentemente sejam obra de Deus, pois Dele dimanam somente amor e bondade, justiça e misericórdia. O mal é filho da ignorância e do egoísmo que ainda grassam entre os homens, mesmo os mais cultos, mas endurecidos de coração. Entretanto, não existe força superior ao amor. Dia virá em que o Evangelho triunfará sobre toda a maldade, face ao trabalho daqueles que já compreendem a verdade, e contamos contigo para seres luz viva da Boa Nova clareando o mundo.

Arquimedes fez uma pausa, permitindo-me colocar os pensamentos e emoções em ordem, e concluiu:

— Sei que tudo isso é novidade para ti, mas não temas, estaremos amparando-te e logo o entendimento se fará mais claro ao teu ser. Por ora basta entenderes que uma transformação de ordem moral qual se opera no teu íntimo exige perseverança e coragem, pois muito ainda haverá de se desvendar ao teu conhecimento, para que aproveites as lições da realidade espiritual da vida no esclarecimento de quantos tiverem contato com tua escrita. Sim, meu amigo, prossiga em teu trabalho, semeia o bem com tua palavra e perdoa as incompreensões, e não te preocupes com o dia de amanhã, pois o Deus que protege e ampara os pássaros que não tecem nem fiam, é o mesmo Deus que abençoa os seus filhos em humanidade e a eles provê do que necessitam de acordo com as obras que realizam.

Ele fez um leve gesto indicando que nada mais havia a dizer, e afastou-se ligeiramente, deixando que minha mãe conversasse comigo mais intimamente. Estava deslumbrado com a serenidade e, ao mesmo tempo, seriedade daquele espírito, demonstrando tanta sabedoria e, igualmente, solicitude para este pobre escriba.

Minha mãe aproximou-se e, ternamente, falou-me:

— Meu filho, agradeçamos a Deus, nosso Pai, e a Jesus, nosso mestre, por esta oportunidade abençoada de estarmos juntos e podermos nos ver e falar. Meu coração estará sempre unido ao teu, e minh'alma agora não mais está oprimida, pois minhas preocupações foram dissipadas, e verifico que tomaste boas resoluções. Rogo aos céus, em prece, que sejas amparado e não esmoreçam tuas forças diante dos desafios naturais da vida.

Ao perceber que ela iria se retirar, não pude controlar meu impulso, verbalizando o que ia em meu coração:
– Mãe, e Anna?
Ela sorriu e disse-me, simplesmente:
– Ouve teu coração e encontrarás a resposta. Somos viajores do tempo, meu filho, onde encontros e desencontros acontecem, nos aprendizados e ajustes necessários para o nosso progresso integral. Onde floresce o amor, não há porque ter alguma preocupação.

Amor, a palavra-chave, e eu tinha certeza do meu amor por Anna, então não tinha com o que me preocupar, pelo que interpretava de sua fala. Quis aprofundar o assunto, mas ela não permitiu, informando que era hora da despedida.

Não podia perder o ensejo desse diálogo espiritual e, com naturalidade de quem é desejoso de receber informações daqueles que muito amou, antes que ela se retirasse indaguei de meu pai, que não aparecia em meus sonhos e nem me fazia uma visita como agora estava acontecendo. Minha mãe ouviu-me a indagação, repleta de recordações e, com carinho, informou-me:
– Teu pai cultivou em sua última existência, quando estivemos juntos, as nobres virtudes da honestidade, da nobreza de caráter, da retidão nas ações, sendo um

benemérito oculto de muitas pessoas, além de ter sido um pai prestimoso e um companheiro sempre presente. Ele vela também por ti, mas suas ocupações não permitem neste momento que esteja entre nós. Em tempo oportuno, em se fazendo útil, ele estará contigo, quando então, decerto, lhe osculará a face como um bom pai faz ao seu filho. Até lá, meu filho, seja merecedor das bênçãos que Deus te prodigaliza.

Ficamos nos olhando ternamente, pois nada mais havia a ser dito, e a imagem de minha mãe e de Arquimedes foram lentamente se esvanecendo, com os dois fazendo um leve gesto de despedida.

E como surgiram, assim desapareceram.

Dei-me conta de não tê-la abraçado, mas nem ao menos sabia se isso seria possível. Meu olhar, peregrinando pela sala, encontrou a estante repleta de livros e, num impulso, alcancei-a, pondo-me a correr os olhos pelos diversos títulos. Encontrei um livro espiritualista que falava sobre as dimensões da vida. Ao folheá-lo logo percebi que seu conteúdo poderia responder a várias de minhas indagações.

Retornei ao sofá tendo certeza de que não tivera um sonho ou um surto do imaginário. Não, a visão não fora fruto de minha mente, mas real. Quanta coisa agora para pensar: vida depois da morte, alma imortal, amor além de todas as fronteiras da vida, reencarnação, lições do Evangelho. Um mundo novo descortinado à minha frente, requerendo pesquisa, estudo, reflexão. Material para muitas crônicas de um jornalista que caminha para ser um escritor.

Instigado pelo inusitado encontro espiritual, comecei a fazer a leitura do livro, ao mesmo tempo em que vários pensamentos me ocorriam sobre possíveis pesquisas a fazer na internet envolvendo os temas que minha mãe e seu amigo tinham ventilado, e que agora faziam parte de meu ideário sobre o viver. Sem dúvida, nunca mais seria o mesmo. Entretanto, uma dúvida me assaltava: quem era esse Jesus Cristo tanto falado e respeitado? Por que tanta importância dada a ele? Que mistérios espirituais envolviam esse relicário religioso que conseguia varar os séculos, movimentar multidões e despertar sentimentos contraditórios? Tinha impressão de que há muito tempo eu fugia desse encontro, que agora me era apresentado como inevitável, e algo intraduzível me dizia, no fundo de meu ser, que meu encontro com ele não seria meramente por questões racionais, fruto de pesquisas, mas um encontro divisor de águas entre o que sou e no que estou me transformando, como um ser imortal mergulhado na vida terrena.

Recostei-me, meditativo, e assim fiquei por um bom tempo, imaginando o momento desse encontro, quando eu, Peter Zoldan, estaria frente a frente com Jesus Cristo. Seria através de um sonho, de um encontro real ou de um *insight* da consciência? Talvez a resposta estivesse nos escritos evangélicos, aos quais agora não podia mais ficar indiferente.

UM ENCONTRO PARA SEMPRE

Os DIAS ESCOARAM com rapidez entre as providências burocráticas para trazer Anna e Tânia ao meu convívio, e a pesquisa sobre vida depois da morte e comunicação dos espíritos. Descobri nesse tempo um fantástico acervo de pesquisas sérias, realizadas por renomados cientistas, e meu entendimento estava bem ampliado, com a aquisição de diversos livros sobre casos sugestivos de reencarnação, experiências de quase morte, transcomunicação instrumental, fenômenos mediúnicos e outros assuntos correlatos. Nem percebi o desenlaçar da burocracia, tão absorto estava em tudo enfrentar sem esmorecimento. Mais cedo do que havia previsto estava entrando em contato com Cusnan e Saldy para dar as boas notícias. O contentamento foi geral e nos prometemos envidar esforços para um encontro o mais breve possível.

Os comentários e o reconhecimento sobre o novo caminho que seguiram as minhas crônicas, mais críticas e humanizadas, não demoraram a chegar, acontecendo então o inesperado: recebi convite de uma editora para escrever sobre minha experiência vivida na Terênia. Sim, escrever um livro, tornar-me escritor. E aceitei, enxergando o convite como oportunidade para falar sobre a guerra e a paz, a violência e o amor, num grito à humanidade por entendimento, concórdia, fraternidade. Em meu íntimo sinto que minha mãe deve estar muito feliz, e creio que Anna também receberá com alegria a notícia.

Com o apartamento especialmente arrumado para acomodar as duas novas hóspedes, fechei a porta e lentamente desci os dois lances de escada que me separavam do térreo. Não era mais com temor, como em Grancy, quando tinha que tomar muito cuidado para entrar e sair de qualquer prédio, mas com leveza de alma, com o respirar tranquilo de quem está feliz e sabe que vai encontrar um mundo em paz. Ao sair à rua, respirei com profundidade o ar daquela manhã ensolarada de céu azul salpicado aqui e ali de nuvens brancas em diversos formatos. Sei que a sociedade em que vivo não é perfeita, que muitas mazelas morais e materiais nela existem, mas eu tinha felicidade para dar, para contagiar os corações, e isso unicamente era o que importava naquele momento.

Os comerciantes abriam seus negócios e, como nunca antes fizera, caminhei com vagar até o estacionamento, parando em cada estabelecimento para cumprimentar as pessoas que arrumavam na porta ou na calçada os equipamentos necessários ao bom desenvolvimento dos serviços. Muitos estranharam, mas foram poucos os que não retribuíram o "bom dia". Comprei flores. Meu Deus, eu, Peter Zoldan comprando flores e dando gorjeta, agradecendo o atendimento e rumando feliz para o carro, distribuindo sorrisos. Realmente, voltara diferente, com novas disposições. Voltara enfeitiçado pelo amor.

No saguão do aeroporto meu coração parecia ter perdido o compasso, de tanta ansiedade. Então um menino, talvez uns seis ou sete anos de idade, se aproximou, sorriu e, olhando as flores, perguntou:

– É para sua namorada?

– Sim, sim, é para minha namorada – respondi meio sem jeito.

– Elas são bonitas.

– Que bom que você gostou.

– Ela está chegando de avião, não está?

– Sim, isso mesmo, e vem de longe.

– Meus pais dizem que são eternos namorados, eles estão ali – e apontou para a fileira de bancos à minha frente, onde divisei um casal simpático, ainda jovem, que vigiava atentamente o filho. Trocamos um leve aceno.

– E você – perguntei – vai viajar, vai subir num avião?

Os olhos do pequeno brilharam.
— Vou sim, vou subir lá no céu e cavalgar numa nuvem.
O encanto da fantasia infantil. Como era agradável surpreender-me com aquela criança, que, espontaneamente, perguntou:
— Você tem filhos?
— Não, não tenho, mas, quem sabe, talvez eu os tenha um dia.
— Então, se tiver, ensine a eles que a melhor coisa é viver sem brigar, porque a gente precisa aprender a nos amar mais.

E tão rápido quanto tinha chegado, correu de volta a seus pais, que ternamente o enlaçaram num abraço, numa efusão de afeto que me encantou. Eles levantaram, certamente para se encaminharem ao embarque, e o garoto acenou-me em despedida.

"Que criança inteligente", pensei, espontânea e profunda. Com certeza precisamos educar as novas gerações de forma diferente do que viemos fazendo nos últimos tempos, quando priorizamos o desenvolvimento da inteligência em detrimento ao dos sentimentos. Foi ali, naquele saguão de espera do aeroporto, que vislumbrei o futuro: Anna e Tânia eram professoras, tinham formação acadêmica que rapidamente poderia ser validada de acordo com a lei, podendo exercer o magistério e, quem sabe, até abrir uma escola, não como outra qualquer, mas um instituto de ensino diferente, com base no amor, para fazer a diferença. Mas eu devia estar sonhando acordado, pensando em algo que não era da minha competência, entretanto, por que não? E formatei a ideia para repassar oportunamente a elas. E tudo por causa de uma criança que houvera se aproximado e sensibilizado meu coração.

Bem, estava chegando o grande momento, o anúncio do voo aparecia nos painéis indicativos e em breve minhas amigas surgiriam pelo portão de desembarque. Enquanto aguardava, meu pensamento desdobrou em minha mente as cenas vividas naqueles dias de terror, mas que tiveram como saldo positivo a consolidação de novas amizades e o despertar de sentimentos nobres diante do mundo e das pessoas, conhecidas ou não. Um paradoxo: a guerra fomentando a humanização. Mas não precisamos da guerra e da dor, do sofrimento e da hipocrisia para alcançarmos um patamar maior na convivência humana. A paz também é geradora, e sem traumas, do amor ao próximo, da solidariedade, da renúncia. Não é melhor o homem conduzir-se pelos campos do amor do que pelas trilhas da dor?

A guerra, seja em que circunstâncias aconteçam ou quais sejam seus motivos, é e sempre será marco da bestialidade humana engendrando males sem conta e levando o homem a atrocidades exacerbadas pelo instinto e pela paixão, animalizando o proceder de uns para com os outros, em desatinos inenarráveis. Eu assistira os horrores da guerra, registrara as graves consequências da maldade, sentira os apelos do medo descaracterizando o impulso da sobrevivência, ouvira o deboche das balas para com a cultura humana e o riso sarcástico da morte para com a vida. Tinha presenciado a estupidez repetida, as lições não aprendidas com a história, e sofrido no mais profundo do ser, a muito custo sobrevivendo à insânia dos conquistadores e à loucura desesperada dos conquistados, emergindo dos escombros da alma com feridas que nenhum remédio material pode amenizar, mas que o amor, esse sim, pode curar.

O amor, e não importa se pequeno ou grande, se com todo altruísmo ou ainda com lascas de egoísmo, é o sentimento que devemos aprender a cultivar, pois que é o único capaz de aplacar os ódios, deitar por terra as diferenças e fazer brotar a solidariedade e a paz. No amor os homens se entendem e procuram a felicidade, desde o amor materno e paterno, maior símbolo do sentimento, até o amor entre as nações, que na reciprocidade da colaboração se engrandecem e calam toda e qualquer rivalidade. Deixemos o amor reger a vida e um basta será dado à guerra, que não mais encontrará aconchego nos corações. Entretanto, para que isso aconteça, o homem precisa aprender que a maior glória não está em procurar colocar-se num pedestal maior que o do seu próximo, mas sim em fazer-se o menor de todos, em sentar-se nos últimos lugares, deixando que a flor da humildade ornamente seu caráter e perfume sua consciência.

Ecoa em meu ser o sublime pensamento de Tolstói.

"Qualquer feito realizado apenas para alcançar a glória é sempre mau, sejam quais forem suas consequências. O feito motivado igualmente pelo desejo de atingir o bem e alcançar a glória é indiferente. Um feito é realmente bom só quando sua motivação é o cumprimento da lei de Deus".

Nesse momento o portão de desembarque foi tomado pelos passageiros que reencontravam parentes e amigos. Sorrisos e abraços, lágrimas e esperanças, tudo se mesclando na salutar euforia dos afetos que nunca afrouxaram os laços, mas que a distância física permitiu crescer a saudade, sentimento ornado de mistério e encantamento.

Nossos olhares se encontraram em meio a tantas pessoas e a emoção do amor, porque não podia ser qualquer outro sentimento, nos uniu num forte abraço, selado por um terno beijo. Quando finalmente nos olhamos e acariciamos, Anna, entre doces lágrimas, exclamou:

– Peter, como é bom estar novamente com você. Tive tanto medo de perdê-lo.

E, tirando de minh'alma as palavras, no conforto que sentia da certeza do amor, deitei-lhe no coração o consolo e o esclarecimento que necessitava:

– Pois esse medo agora se transforma na certeza que estaremos sempre juntos. O amor que se abrigou em nós como semente, agora é planta enraizada em nossos corações, que regaremos e adubaremos para que seja uma linda árvore a dar sombra a tantos quantos necessitam do amor, que é o maior dos sentimentos.

Tânia, que a tudo presenciava, sorriu, e nos enlaçamos afetuosamente, felizes, mas acima de tudo, com a alma em paz, certos de que o futuro, sob as bênçãos de Deus e o auxílio de Jesus, que penetrava devagar, mas decididamente em mim seria ditoso em realizações para o bem comum.

Antes de nos retirarmos, era preciso fazer uma confissão, revelando minhas últimas descobertas, e, caminhando lentamente até o carro, relatei a elas tudo o que havia acontecido, inclusive o encontro espiritual e minhas pesquisas sobre o tema, ansioso por saber o que pensavam sobre isso. Anna, que durante meu relato estampava na face serenidade e contentamento, foi a primeira a falar:

– Peter, lembra quando conversamos no hotel, em Grancy, e eu lhe disse que tinha a impressão de já conhecê-lo de outros tempos? E você me revelou a mesma coisa? Que outra explicação dar a essa sensação senão uma reminiscência de vidas passadas? Embora eu não tenha estudo sobre isso, acredito sim que possa ser verdade.

Senti-me confortado e ainda mais feliz sabendo que Anna compartilhava de minhas aspirações quanto à espiritualidade da vida. Foi quando Tânia arrematou:

– Sabe, meus amigos, nunca pude acreditar no acaso, pois sempre fui crente em Deus, e creio que agora, com vocês, poderei entender melhor os mistérios da vida, mas, por favor, não quero ser um peso, um incômodo, assim que tiver condições tocarei minha vida e deixarei vocês livres.

Rimos e deixamos a continuidade dessa conversa para momento mais oportuno.

*

É TARDE DA noite, Anna e Tânia repousam no sono reparador, enquanto escrevo sem uma única parada esta narrativa. Termino estas minhas recordações com o olhar volteando pela sala de meu apartamento, à procura de algum ser espiritual. Nada vejo, mas que importa, se estou convicto de que o ser humano é muito mais que um corpo perecível? Minha mãe, onde estiver, deverá irradiar felicidade pelo filho que, às duras penas, aprendeu que amanhã pode ser um novo dia, transcendente, e que isso só depende de querer sentir a vida como nunca antes havia sentido.

Esse novo sentir a vida, tenho certeza, só pode acontecer se deixarmos vibrar nas fibras íntimas da alma o amor, pois aprendi que sem ele tudo é estéril, mas com ele não há solidão ou egoísmo, ódio ou guerra, apenas paz e felicidade.

Encerro um capítulo de minha vida, repleto de aprendizados, para começar outro, cheio de incertezas, onde o amor será a essência de todas as ações, acreditando que o futuro será muito melhor que o presente, pois, como um pássaro que sai a semear, semente por semente, fazendo crescer a floresta, serei, com minhas palavras escritas, semeador de ideias e esperanças, até que a humanidade entenda que a violência deve ser substituída pela cooperação. Eu passarei, mas minhas palavras ficarão e, com o aval de Deus, hão de ecoar no profundo da alma humana para todo o sempre.

FIM

Esta edição foi impressa nas gráficas do Centro de Estudos Vida & Consciência Editora Ltda., de São Paulo, SP, sendo tiradas três mil cópias, todas em formato fechado 140x210mm e com mancha de 93x163mm. Os papéis utilizados foram o ofsete Chambril Book (International Paper) 90g/m² para o miolo e o cartão Supremo Alta Alvura (Suzano) 250g/m² para a capa. O texto foi composto em Goudy Old Style 12/15 e o título em Trajan Pro 26/30. Eliana Haddad e Izabel Vitusso realizaram a preparação do texto. André Stenico elaborou a programação visual da capa e o projeto gráfico do miolo.

Junho de 2015